Aziz Abbes Mouhiidine

con Jvan Sica

Non dovevo nemmeno sognarlo

La strada di un nuovo italiano
da zero alle Olimpiadi

CAIRO

L'autore devolve i proventi di questo libro all'AIRC

ISBN 978-88-309-0413-2
Prima edizione: novembre 2024

Sommario

NON DOVEVO NEMMENO SOGNARLO

1
La cosa peggiore possibile

M'hanno fregato.

M'hanno fregato? Mettiamoci il punto interrogativo va, non si sa mai.

Scrivo a più di un mese di distanza dalla sconfitta al primo turno del torneo di boxe delle Olimpiadi di Parigi 2024. Io che volevo vincere l'oro, io che, come vi racconto in questo libro, avevo le carte in regola, la voglia, la forza, l'esperienza per poter arrivare sul gradino più alto del podio. Io ho perso subito, da vicecampione mondiale in carica per due volte di seguito.

La sconfitta mi ha fatto dimenticare tante delle cose che sapevo prima, spero di reimpararle.

La cosa che so per certo però è che a un mese di distanza da quel verdetto io ci penso ancora come se fosse successo oggi, poche ore fa. Sarà per il fatto che nella mia testa mi ero fatto un bellissimo sogno diviso in due parti. Nella prima partecipavo alle mie prime Olimpiadi, vivevo il Villaggio olimpico, partecipavo alla cerimonia di apertura, tutte cose che vi racconto nel libro, ma nella seconda parte del sogno vincevo l'oro e questa non è mai andata in onda.

Non mi rammarico troppo per l'incontro, sono sincero, perché fin dal primo secondo di quel match ho dato più del 100% e ho perso per colpa della boxe.

Sì proprio così, la cosa peggiore che mi poteva capitare è essere di nuovo fermato dal mio stesso mondo, dal mio stesso sport, una sensazione atroce. Ciò che più ti fa felice al mondo, per cui senti di essere nato, è anche ciò che ti toglie la felicità, cancella un percorso fatto con tutto quello che avevi. La boxe è la mia casa, una casa in cui sono stato messo alla porta dagli arbitri che hanno deciso il mio incontro.

Non è la prima volta che mi succede e l'ho visto capitare anche ad altri pugili. Negli ultimi anni poi, la boxe sta attraversando un periodo davvero terribile per colpa delle decisioni arbitrali.

Mi sento una vittima del mio mondo? Sì, è così. Vorrei lasciare tutto? No, assolutamente. Io credo ancora in un pugilato nuovo, sarò fesso, ma non posso smuovermi da questo pensiero. Forse alcuni crederanno che sia la mia unica strada percorribile. Forse è così, ma in questo momento voglio ignorare ciò che circonda il mio sport e continuare a correre anche in mezzo a ostacoli giganteschi.

Vi dico subito cosa ho portato con me da Parigi: tanta rabbia. Servirà a qualcosa? E chi lo sa. Tanto rammarico. Servirà a essere un pugile migliore? Non so nemmeno questo. Tanta esperienza. Ecco qualcosa che mi servirà di sicuro.

I Giochi Olimpici sono qualcosa che nessun atleta ha mai provato prima di parteciparvi, un esame diverso da qualsiasi altro la vita ti abbia mai presentato.

Dopo aver perso al primo turno molti pensavano che avrei mollato o almeno frenato per guardarmi intorno. Invece sono stati proprio i Giochi Olimpici a darmi l'energia per abbassare di nuovo la testa, con rinnovata convinzione.

Cosa voglio adesso per me? Ve lo dirò alla fine del libro e forse rimarrete sorpresi.

Intanto vi racconto chi sono, da dove vengo, perché potevo vincere un oro olimpico nei pesi massimi della boxe ma non l'ho fatto e cosa è stato questo lunghissimo anno verso Parigi. Un viaggio che ne contiene tanti altri. Mettetevi comodi perché la strada ci porterà un po' più lontano.

2
Chi sono io

Dite la verità, anzi diciamoci la verità, senza questa avventura olimpica pochi di voi avrebbero risposto «Ah, sì!» alla domanda «Ma tu lo conosci Abbes?».

Non mi arrabbio, state tranquilli, ci mancherebbe. Se un personaggio pubblico non entra prepotentemente nella vita delle persone, ricordarsi di lui è quasi impossibile. Poi siamo un popolo molto devoto al calcio, quindi probabilmente il mio nome sarebbe più noto se fossi un calciatore, anche solo perché inserito in qualche squadra di fantacalcio o perché ho fatto pagare una bolletta a qualcuno con un mio gol al 94'.

Inoltre c'è anche il fatto che la boxe in Italia, e potremmo dire in quasi tutto il mondo, non è più quella di una volta. Tanti amici, allenatori e giornalisti mi parlano della boxe italiana degli anni Ottanta, un movimento secondo solo a quello statunitense e di cui ancora oggi hanno una indicibile nostalgia. Purtroppo la boxe non è più a quei livelli di spettacolarità e popolarità, e il due volte argento mondiale nei dilettanti Aziz

Abbes Mouhiidine lo conoscono in pochi. E io ancora una volta vi perdono.

Mi sembra che allora sia arrivato il momento di presentarmi, altrimenti restiamo qui incollati alla pagina senza nemmeno salutarci.

Sono Aziz Abbes Mouhiidine, nato a Solofra, in provincia di Avellino, da un papà di origini marocchine, Abdellah, e una mamma nata in provincia di Salerno.

Parlando delle sue origini, Federica Pellegrini dice che essendo nata a Venezia, nel suo patrimonio genetico ci sono l'acqua, la bellezza e la malinconia. Poiché io sono nato nell'ospedale di Solofra, nel mio corredo genetico ci dovrebbero essere gli struffoli, le concerie e la voglia di faticare, perché lavorare le pelli oggi, ma soprattutto in passato, era un lavoro sfiancante.

Un giorno parlavo con un giornalista proprio delle mie origini e dei miei genitori. Lui mi disse: «Sei marocchino e italiano, sei tante cose diverse». Io però in quell'idea di diversità non mi rivedevo. Sembrava avermi descritto come un puzzle di pezzi differenti appiccicati alla meglio, ma non mi sentivo così.

Allora risposi: «No, in realtà sono tante cose insieme».

Così mi sento, un grande miscuglio e non la semplice combinazione di schegge distinte. Un pentolone in cui si amalgamano l'arabo e l'italiano, il darija e il napoletano, Casablanca e Mercato San Severino, l'islam e il cristianesimo. Come faccio a spiegarlo? Faccio prima a raccontare come tutte le cose che ho vissuto mi hanno reso ciò che sono.

Sento di essere me stesso ma anche di rappresentare tanti italiani come me, e in fondo siamo tutti come me, la purezza è un'invenzione di chi aveva e ha poca immaginazione. Anche grazie allo sport o alla scuola, già oggi in molti stanno iniziando a conoscere italiani di nome Abbes, Mohamed, Tariq, Beatriz, Amira, Dimitri, per non parlare del futuro, quando la diversità diventerà la grande ricchezza della nostra Italia.

Tornando al giorno della mia nascita, in realtà sono nato a Solofra solo perché c'era l'ospedale, ma poi sono cresciuto a Mercato San Severino, un paese campano della Valle dell'Irno, probabilmente sconosciuto ai più e talvolta confuso con San Severino Marche.

Molti mi chiedono come riuscire a diventare un grande atleta al Sud, e consigli per le ragazze e i ragazzi meridionali desiderosi di intraprendere il mio percorso. Diventare un atleta al Sud è la cosa più facile e al contempo più difficile del mondo. Abbiamo poco, ma quelle poche cose spesso ci appassionano così tanto, segnano la nostra fanciullezza in maniera così indelebile da dedicarcisi anima e corpo, e questo permette di raggiungere traguardi forse più complicati per altri.

Io avevo la famiglia, la scuola, gli amici e la palestra. La palestra mi ha catturato subito e mi sono innamorato della fatica e dell'orizzonte che vedevo davanti a me, quello di diventare un combattente, nel karate e kickboxing prima e nel pugilato poi. Da quel momento *casa-scuola-palestra* è diventato il mio mantra e non avere tanto intorno a me mi ha addirittura aiutato.

Tuttavia diventare grandi sportivi al Sud è anche molto difficile perché avvertiamo, in maniera quasi inconsapevole, il sapore della distanza. Ciò che si trova in altre parti d'Italia, per non parlare dell'Europa, da noi manca, è distante appunto. Come avrei potuto conoscere la boxe se dalle mie parti una riunione seria sono riuscito a portarla soltanto io? Come potevo conoscere la boxe, o qualsiasi altro sport, se la maggior parte dei centri federali si trovano a centinaia di chilometri da casa mia? Se nasci con l'esempio quasi sotto casa e lo sport diventa la tua mania, è potenzialmente facile diventare uno sportivo; se invece pensi che l'ispirazione o l'illuminazione nascano da un'esperienza o da una rete organizzativa che ti include in qualche modo, allora diventa tutto più difficile.

Ma nonostante tutto sono diventato un pugile. Lo devo soprattutto a quella palestra sotto casa di cui parlavo, anche se nel mio caso forse sarebbe più corretto dire «dentro casa», visto che la palestra in questione è quella di mio zio Gennaro.

Un giorno mia madre chiese al cognato: «Gennà, ma che possiamo fare per far sfogare un po' di energie al piccirillo?». (Il «piccirillo» sarei io.)

«E che gli vuoi far fare? Fallo venire in palestra.»

Il giorno successivo in palestra ci sono andato e tutto ha avuto inizio.

Quella che sto per raccontarvi è la storia di ciò che è avvenuto dopo quel giorno in palestra e soprattutto nell'ultimo anno per arrivare alle Olimpiadi. Sarà un lungo viaggio, cominciamo.

3

Olimpiadi – si parte per Parigi

È arrivato il giorno che aspettavo, che aspettavamo tutti. Il 23 luglio 2024 finalmente ho preso il benedetto aereo che mi porta a Parigi insieme a tutta la delegazione di pugilato italiana. Quando mi hanno chiamato per andare verso l'aeroporto, avevo il cuore aperto a ogni emozione con il desiderio però di registrare tutto, per riportare poi in questo libro quello che si prova a decollare per un'Olimpiade.

Beh, mi credete che ho vissuto tutto come se stessi in completa trance e adesso non ricordo esattamente nulla di quello che mi è successo? Sono state poche ore: imbarco da Fiumicino, qualche problema logistico ma quelli ci sono sempre, foto di rito, abbracci e baci con chi restava, pacche sulle spalle per noi che partivamo, salita sull'aereo, poco più di un'ora di volo e arrivo a Parigi.

Questo però lo posso scrivere perché l'ho ricostruito a posteriori, parlando e ascoltando quelli che hanno viaggiato con noi pugili, ma io, Angela, Salvatore, Sirine, Diego, Alessia, Giordana e Irma in quel momento eravamo in un sogno e non volevamo svegliarci.

In realtà una cosa l'ho capita e l'ho effettivamente registrata all'imbarco da Fiumicino. Un atleta che va alle Olimpiadi va a vivere questo sogno ma lo fa in piena condivisione, è quello il momento in cui capisci che il sogno non è solamente tuo, ma di tutti quelli che a te hanno dedicato anche solo un secondo del loro tempo.

Una cosa mi dicevano tutti quelli che mi salutavano: «Facci sentire l'inno».

Ovviamente far sentire l'inno vuole dire tornare con la medaglia d'oro al collo, ma in quella frase c'è anche quel pizzico di orgoglio di veder vincere la propria nazione fra le tante che partecipano ai Giochi Olimpici. Un'Italia che vince non può dispiacere a nessuno e l'inno è il segnale ufficiale che in questa terra è nato un campione.

Alla partenza ero frastornato di mio per tutte le emozioni vissute, ma anche perché fino a pochi giorni prima ho studiato per discutere la mia tesi di laurea. Eh sì, cosa mi va a capitare? A pochi giorni dai Giochi Olimpici devo discutere la tesi di laurea in Scienze Politiche e Relazioni internazionali, dal titolo «Il terremoto dell'Irpinia: implicazioni psicosociali di un disastro naturale».

Devo dire che anche questa è una bella emozione, potente come quella di salire sul ring. Per questo dico che ognuno deve giocarsi il suo talento sui ring della vita, perché ognuno può vincere la sua Olimpiade.

Per un atleta studiare per conseguire una laurea è, che ve lo dico a fare, molto complicato, perché le ore di studio bisogna incastrarle fra altre mille cose da fare, a cui bisogna aggiungere i viaggi. L'unico modo per riuscirci è pensare che anche studiare sia necessario, sia una parte del proprio percorso come atleta e come uomo, se non gli dai la stessa priorità, non lo farai mai.

Per fortuna mio padre e mia madre mi hanno sempre fatto capire che lo studio aveva «Priorità alta» e mi sono adeguato a questa indicazione.

La laurea quindi è diventata fin da subito un mio obiettivo, un obiettivo diverso ma non di minore importanza rispetto a una medaglia olimpica. Inoltre il settore in cui mi sono laureato per me sarà decisivo anche per il mio futuro. Immaginare una mia carriera all'interno della Polizia in grado di crescere grazie allo studio è un altro mio obiettivo. Insomma, si vive di traguardi da raggiungere, credo che sia più importante porseli che arrivarci. Può accadere di non raggiungerli ma averci pensato e l'averci provato, come si dice in questi casi, vale il viaggio.

Intanto sono arrivato a Parigi, una parte di questo lungo viaggio, chissà cosa accadrà?

4
La prima volta in palestra

Molto prima di poter rivivere e raccontarvi la prima volta su un ring, la prima volta in un grande torneo internazionale e di farmi accompagnare in un'altra emozionante prima volta, ovvero quella che mi porterà al debutto alle Olimpiadi, c'è un'altra prima volta assolutamente centrale di cui devo scrivere.

Tutti gli esordi a cui ho accennato sono da pelle d'oca, capaci di ribaltare la storia di una persona e di muoverla verso obiettivi ancora sconosciuti. Ma c'è una prima volta che precede tutte le altre, la cui sensazione è ancora più intensa e decisiva per la vita di un atleta, i cui ricordi rimbombano per sempre nella testa di una donna e di un uomo che poi decideranno di fare dello sport la propria professione e in fondo di definire dopo quella volta la propria esistenza.

Sto parlando della prima volta in palestra, quando vedi i pugili sudati e spossati, gli allenatori tesi e concentrati, eppure tutti con i volti sorridenti. Poi, oltre le persone noti corde, sacchi, guantoni, caschetti, canottiere, fasce, pesi, punching ball, attrezzature fra le più varie di cui non conosci né il nome né l'utilizzo. Ti senti in un parco divertimenti o in un girone dell'inferno dantesco, sta a te capire quale delle due immagini rispecchi di più le tue impressioni.

Il pugile ricorda ogni attimo della sua prima volta in palestra non solo perché tra quelle mura inizia a viverci la maggior parte delle sue giornate, ma anche perché quel piccolo mondo gli muove i sensi, li attizza e li sconvolge come non gli era mai successo prima. Voler vivere in palestra e diventare un pugile è anche una questione di passione fisica, non bisogna dimenticarlo.

Appena entrato in palestra, tutti i suoi sensi vengono assaliti e inebriati. In primo luogo la vista: gli occhi, infatti, non riescono a star dietro a tutto quel movimento frenetico e apparentemente sconclusionato di allenatori e atleti, né a fissarsi su un punto, un gesto o uno scambio, perché in continuazione accade qualcosa di nuovo, e trasmettono informazioni al cervello che le registra ed elabora a un ritmo forsennato.

Poi c'è il tatto, un senso determinante per diventare pugili. Dopo aver visto il materiale necessario all'allenamento, il primo impulso è di toccare tutto, per saggiarne la consistenza, le superfici, la morbidezza o la durezza. I primi ad attrarre le dita sono ovviamente i guantoni: ne confronti la grandezza rispetto alle mani, ne sperimenti la plasticità. Poi passi al sacco: chi davanti a un sacco da boxe si trattiene dallo sferrargli un bel pugno per vedere l'effetto che fa? E poi ti avvicini al ring: sfiori le corde, il tappeto, gli angoli. Sono tutte sensazioni tattili che predispongono l'animo del futuro pugile, che lo iniziano a una serie di riti in cui le mani diventano gli strumenti della pratica quotidiana.

In terzo luogo gli odori. Non so se siete mai entrati in una palestra di boxe: vi regna un bouquet di odori peculiare, introvabile in qualsiasi altro spogliatoio sportivo. In palestra gli odori di creme, oli, unguenti, profumi e sudore si mischiano in un'essenza che penetra prepotente nelle narici per non lasciarle più. Bisogna abituarcisi subito perché sono odori forti e disturbanti, oppure meglio assecondare la repulsione iniziale e andarsene. Prima decidi, meglio è.

Poi ci sono i suoni. Per me la cosa più bella. I suoni dei colpi su sacchi, punching ball, guantoni, carne sono tutti diversi e meravigliosi. Almeno quando non sei tu a prendere quei colpi! Talvolta è uno *sciaff*, altre uno *stomp*, altre ancora uno *skrunt*: un colpo non è mai uguale all'altro e ognuno di essi produce un suono inconfondibile. E poi ci sono i sospiri, i respiri, le urla, i gemiti, i denti digrignati per lo sforzo, gli sbuffi d'aria che fuoriescono dalla bocca, le parole, le tante parole che un pugile si dice per caricarsi e non mollare. A queste si aggiungono le istruzioni secche e perentorie degli allenatori, i quali non possono pregarti o spiegarti con troppi giri di parole quale movimento devi fare e perché, ma devono dirtelo in fretta e con decisione, altrimenti sul ring tu prendi il pugno, insieme perdete il match e magari comincia a venirti la voglia di passare a un altro sport.

Infine anche il gusto è sollecitato in palestra. Durante un allenamento di boxe si suda come di rado hai fatto nella vita, e per reggere lo sforzo ci vogliono tanti liquidi, il cui sapore si addensa sulle papille gustative.

Io la prima volta che misi piede in palestra avevo quattro anni e queste sensazioni mi investirono e mi affascinarono inesorabilmente fin da subito.

Finora vi ho parlato della palestra come spazio fisico, poi però dentro ci sono le persone che lo rendono un luogo in cui conoscere e incontrare, condividere e scambiarsi esperienze. In fondo la palestra è fatta dalle persone che la frequentano e sono loro che ti fanno reggere a lungo.

Dopo pochi minuti in palestra avevo già stretto amicizia con una persona della quale sono grande amico ancora oggi, Francesco Pinto. Abbiamo iniziato insieme e, tra guantoni e sacchi da prendere a pugni, non ci siamo mai più separati.

Mettendo insieme l'offerta sportiva e la possibilità di stringere amicizie, si capisce perché mi sia subito innamorato della palestra. L'ho vista come una valvola di sfogo per la mia perenne irrequietudine e uno spazio in cui giocare con i miei coetanei, forse l'argomento più convincente per un bambino.

Poi non va dimenticato che a dirigerla, nonché a dare un occhio a quel nipotino bello vispo, c'erano mio zio Gennaro e il fratello Luigi, i quali ci hanno sempre saputo fare con i bambini, e che per noi erano una sorta di Babbo Natale affabile ma con l'espressione costantemente corrucciata per qualche marachella che avevamo combinato.

Il loro segreto è sempre stato di lasciar giocare i bambini, permettendogli di divertirsi e sfogare tutta la loro energia ma all'interno di un perimetro di regole molto preciso, dal quale non si doveva uscire.

Quando veniva il momento in cui il gioco si trasformava in qualcosa di diverso, che poi diventerà allenamento, il perimetro si restringeva e dovevi stare in uno spazio più piccolo, in cui fare ciò che ti chiedevano nel modo e con i tempi indicati. Chi non rispettava le regole e metteva un piede (a volte anche entrambi a dir la verità, e io per primo devo confessare le mie colpe) oltre quel perimetro, veniva punito.

In cosa consistevano queste punizioni? Non si trattava mai di esercizi fisici più pesanti o diversi, che ti avrebbero stancato di più, ma della sottrazione di ciò che ti piaceva fare. La punizione era restare seduti e fermi mentre gli altri si allenavano. Era l'assenza di movimento e quindi di divertimento la punizione che zio Gennaro e Luigi ci affibbiavano. E colpivano nel segno con straordinaria efficacia, visto che ancora oggi ricordo la tristezza di quelle volte in cui toccò a me restare fermo e zitto a guardare gli altri che si divertivano. Altro che togliere il telefonino o l'iPad ai bambini di oggi!

Mentre friggevi guardando gli altri, dentro di te pensavi: «No, assolutamente, la prossima volta non lo devo fare, sennò qua non posso giocare più». In questo modo ti adattavi al contesto, capivi come ti dovevi comportare e iniziavi a rispettare le regole, perché tutto è connesso.

Importante però è sottolineare come le cose più belle nascano per gioco e crescano attraverso di esso, e la palestra per me e per tanti altri che con me sono arrivati in Nazionale è stato un grande gioco a cui in fondo non vogliamo rinunciare nemmeno da adulti.

5
Quando ho capito di poter essere qui

Non sono nato pugile, nessuno nasce qualcosa in particolare. Ti possono destinare a un determinato lavoro o ruolo nella società i tuoi genitori o i familiari, come me ad esempio, che ho uno zio allenatore di karate e boxe nella palestra in cui sono cresciuto. Ma anche se intorno a te tutto sembra pronto per un determinato percorso di vita, niente può assicurarti di diventare quello che gli altri vogliono.

Tocca a te, prima di tutto, alla tua testa e alla tua voglia di soffrire, perché dietro a ogni espressione di talento sportivo, artistico, lavorativo c'è tanto sacrificio a cui nessuno di noi può sfuggire.

Poi secondo me ci deve essere un click, un momento speciale in cui capisci che c'è una strada da percorrere, tu sei all'inizio e quella strada, se davvero vuoi, ti sta aspettando.

Questo momento di rivelazione di una parte di futuro può presentarsi quando meno te l'aspetti e per le ragioni più svariate. Ad esempio diventa fondamentale una promozione al lavoro, oppure un complimento fatto da una persona che stimi in maniera particolare o ancora l'incoraggiamento di un esperto di un determinato settore, il quale ti fa capire che anche tu puoi riuscire ad arrivare ad alti livelli.

Per noi sportivi la rivelazione avviene in maniera forse meno misteriosa, ti appare davanti agli occhi in modo più netto ed evidente rispetto ad altri settori e lo fa quasi sempre mentre pratichi il tuo sport e capisci davvero chi sei.

Anche io, come tutti coloro che ho conosciuto nel mondo della boxe, ho avuto il mio incontro rivelatore, il match che mi ha fatto dire a me stesso: «Abbes ci sei, puoi davvero farcela».

Sono agli Europei under-22 del 2017 nella categoria supermassimi. Si disputano in un posto che non ho mai sentito nominare, Braila, in Romania, che poi in quei giorni scopro molto bello anche perché affacciato sul Danubio.

Ho diciotto anni, sono praticamente un bambino che si diverte e spera di non prenderne troppe dai grandi. Ci sono atleti già campioni d'Europa e del mondo sia nelle categorie giovanili che in quella Elite, nonostante siano tutti molto giovani.

Al primo incontro affronto l'armeno Artur Hovhannisyan: è forte e infatti due anni dopo vincerà gli European Games. Lo batto per 5-0 con una prova di agilità sul ring che non sapevo nemmeno io di avere. In questo incontro capisco che non devo temere nessuno, ma ancora non mi rendo del tutto conto di che pugile potrei essere.

Ai quarti di finale devo sfidare il turco Uzun, un avversario molto forte fisicamente. Anche questo match lo vinco 5-0 e in questo caso comprendo un'altra cosa: anche i miei pugni possono fare male, riescono a destabilizzare l'avversario e questo conta tantissimo.

Ci sono le semifinali, mi sembra di essere arrivato nel paese dei balocchi. Affronto Aleksandar Mraovic, un pugile austriaco davvero enorme e potente. Me ne accorgo subito, al primo round, quando mi coglie di sorpresa con un gran destro e mi fa vedere gli angioletti. Ko tecnico al primo round, sono medaglia di bronzo.

Questo è il match in cui capisco davvero di poter diventare un pugile. Un secondo dopo aver perso mi rendo conto del modo in cui è successo e soprattutto di cosa avrei potuto fare per vincere. Non è assolutamente vero che una sconfitta ti dimostra che non sei in grado di fare qualcosa, perché se quella sconfitta la sai subito elaborare e dal giorno successivo ti metti sotto per migliorare quello che non è andato, sarà proprio l'insuccesso a farti andare sempre più avanti.

Si potrebbe dire che quel pugno (ma anche quella medaglia di bronzo a un diciottenne, è importante sottolinearlo) mi ha fatto capire che avrei potuto essere qui oggi, in attesa di qualcosa che forse non oso nemmeno io immaginare.

C'è un P.S. alla storia che vi ho raccontato.

L'anno successivo tornai in Romania, un po' più a est, a Târgu Jiu, per partecipare agli Europei under-22 nei massimi e questa volta vincerli, conquistando la mia prima medaglia d'oro internazionale. Quel pugno mi aveva fatto proprio bene.

6
L'argento mondiale del 2021

6 ottobre 2021, Belgrado, Štark Arena, ore 18.00.

Sono nei corridoi di questo meraviglioso palazzetto e sento le urla dei tifosi. Aspettano i pugili, soprattutto me e il mio avversario perché la sfida tra i pesi massimi è da sempre quella più gustosa.

Mi muovo, faccio stretching, mi riscaldo per bene perché questa cavalcata che mi ha portato alla finale dei Mondiali di pugilato deve finire bene. Sudo tantissimo, l'attesa ti sa togliere il respiro.

Ho vinto 5-0 tutti gli incontri prima della semifinale. Ho battuto l'armeno Narek Manasyan, il croato Toni Filipi, l'ecuadoriano Julio Castillo, medaglia d'argento due anni prima a Ekaterinburg, l'indiano Sanjeet Kumar e in semifinale ho superato per 4-1 lo spagnolo Enmanuel Reyes.

Ora mi aspetta la finale e all'ultimo atto di un torneo del genere non può che arrivare il meglio che c'è su piazza, ovvero il cubano Julio César la Cruz. Chi è costui? Due volte oro olimpico, cinque volte oro mondiale, quattro volte oro ai Panamericani, tre volte oro ai

Giochi del Centro America e Caraibi. Un uomo che fa diventare oro tutto quello che tocca, ma prima lo prende a pugni.

Lui è già un mito vivente per il popolo cubano, io vado a sfidarlo senza paura di fargli tremare il piedistallo.

In realtà vi confesso che prima della finale mi sembrava di essere in un frullatore. La sfida era molto difficile, per me era la prima volta a quei livelli e poi sentivo anche tutto il peso della Nazionale addosso, perché prima di me solo Salvatore Cavallaro (sì proprio lui, l'amico con cui sto dividendo questi giorni siciliani di allenamento forsennato) era riuscito a raggiungere una medaglia, il bronzo nei pesi medi.

In questo Mondiale io ho messo davvero tutto me stesso, ci credo davvero tanto. L'anno scorso sarei voluto andare a Tokyo per le Olimpiadi, ma purtroppo non mi sono qualificato e questa è la più grande delusione della mia vita sportiva. Voglio rifarmi a tutti i costi, voglio far vedere chi è Abbes Mouhiidine e in questi corridoi l'anno appena trascorso mi passa davanti agli occhi come un rullo velocissimo.

Poi il buio, non ricordo più nulla.

Vi posso descrivere perfettamente gli attimi prima di entrare negli spogliatoi e raccontare la finale fotogramma per fotogramma, mentre non saprei cosa dire di tutta la preparazione pre-ring, perché ero completamente rapito dall'attimo e tutto è nato e finito in quel momento.

I miei allenatori mi urlano: «Eccoci!».

Mi alzo, li saluto, li guardo negli occhi che brillano. Sono pronto. Vado sul ring dove arriva anche la leggenda.

Inizio a saltellare, ho la faccia da bambino. Lui si fa massaggiare, ha la faccia da pirata.

Lo speaker, coi capelli rasta arrotolati in una cofana enorme, presenta chi siamo e soprattutto il nostro palmarès fino a quel momento. Di me parla pochi secondi, del mio avversario non la finisce più. L'arbitro è marocchino – che coincidenza vero? – e ha la mascherina: siamo nell'epoca del Covid e anche questa immagine resterà per sempre.

Ci studiamo ma parto bene, riesco a entrare nella sua guardia, nonostante lui sia un fulmine negli spostamenti. A un certo punto colpisco con un gancio destro che mi fa sorridere, lui mi prende subito con un corto dritto destro. «Abbes, che te ridi» mi dico subito dopo il colpo.

A venti secondi dal termine del primo round prendo una capocciata tremenda, da far vibrare tutta Belgrado. Mi si apre il sopracciglio. Ma vedi un po' se alla mia prima finale mondiale senior dovevo farmi male come un fesso!

Riprendo ma ho il sangue che mi cola sull'occhio e lo zigomo, sembro pronto per andare di casa in casa a chiedere «dolcetto o scherzetto». Il round finisce e vado all'angolo soprattutto per farmi mettere a posto il sopracciglio. Perdo il round per 3-2, non sono d'accordo ma va bene lo stesso.

Si riparte, lui cerca di venirmi più vicino perché sono più alto e ha paura dei miei allunghi. Cambia marcia ma gli sto dietro. Un destro d'incontro l'ho sentito pieno sul guantone, l'ho preso in piena faccia, tanto che addirittura ha traballato su un piede. La sua tattica ora è chiara: mi si butta quasi addosso per legare, poi dalla corta distanza cerca di prendermi e quando si allontana inizia a ballare per schivare tutto e ricominciare a lanciarsi contro di me.

Sento io questa volta un suo gancio destro, ma tutto sommato lo assorbo senza scompormi. L'arbitro blocca di nuovo il match. Il sangue ha ripreso a scorrere e ora sembro un membro di quei gruppi death metal che fanno paura anche quando non cantano. Il round finisce con lui che tiene le braccia basse e gira per il ring schivando i miei colpi. Un paio riesco a metterli ma non fanno male.

Vince il round all'unanimità, io non sono d'accordo perché qualche colpo l'ho messo.

Siamo al terzo e ultimo round ma ora per vincere devo fare un mezzo miracolo. Lo so che sul ring c'ero io e potrei essere di parte (mettetevi nei miei panni), ma questo round l'ho davvero dominato, ho rivisto il match e almeno cinque colpi puliti e forti li ho messi, contro il nulla del mio avversario (mi ricordo solo un gancio destro in un contromovimento fatto come se fosse un gatto).

Alla fine del match, ci guardiamo un attimo e poi ci abbracciamo lungamente, a un certo punto sembriamo due ballerini. Lui si appoggia sulla mia spalla e ci diciamo un sacco di cose. In verità sono soprattutto io a parlare: è stato meraviglioso combattere con lui, è un maestro, un grande della boxe e dello sport. Lui mi dice solo: «*Que lindo match*», perché ha un fiatone assurdo.

Salutiamo gli angoli e al centro del ring ci reincontriamo, ci riabbracciamo e alziamo entrambi le braccia, in un'immagine davvero bellissima per la boxe. Io ho il sangue su tutta la faccia, ora sembro Nicolas Cage in *Mandy*, un film che ho visto poco tempo fa.

Ci rimettiamo in sesto, torniamo al centro con l'arbitro nel mezzo, l'uomo coi rasta legge il verdetto. Vince lui, La Cruz, e con la mano fa il segno cinque, come i suoi titoli mondiali. Appena dopo il verdetto, continuiamo ad abbracciarci e congratularci a vicenda, sono davvero contento del match che ho disputato contro una leggenda, ma un po' mi rode. Non si può essere atleti veri se si è felici quando si perde.

Che dire alla fine? Ho perso, però ho capito. Lo si dice sempre, no? Ormai è diventato un proverbio: o vinco o imparo. Non credo sia sempre così, da alcune sconfitte non ho imparato proprio nulla, ma quella volta sì. Ho imparato prima di tutto che il signor Abbes poteva essere tra i migliori al mondo e, credetemi, non è poco.

La finale è stata molto discussa, per lungo tempo oltretutto, per cui già in quel momento potevo essere proprio io il migliore, ma non mi sono per niente abbattuto o pianto addosso. Io ero lì con i grandi e non mi restava che salire l'ultimo gradino. Da quel momento in poi tornare indietro non era più concepibile.

Si chiama consapevolezza e fiducia e non la puoi allenare, deve sbocciare in te come un fiore di primavera. Ero giovane, stavo bene tra i primi al mondo e avevo qualcosa che agli altri forse mancava: l'Abbes del 2021 ha raggiunto questi traguardi, quello del 2024 come sarà?

7
Il mio paese

Mercato San Severino, dove sono cresciuto, è il classico posto dove se ci vai, gli altri ti chiedono il perché: apparentemente non c'è un vero motivo per farlo. Non c'è il mare, non c'è un'opera artistica conosciuta in tutto il mondo, non è tra i borghi più belli d'Italia, non c'è un gruppo musicale nato in qualche garage sanseverinese, e anche la città con cui è gemellato non la conosce nessuno: Farébersviller, in Francia.

È un po' quello che succede a tutti i paesi della Valle dell'Irno, tutti fondamentalmente sconosciuti o quasi al resto degli italiani.

Oggi però posso dire che il resto d'Italia sbaglia, perché la Valle dell'Irno e Mercato San Severino meritano la visita, e non lo dico perché ci sono vissuto io, s'intende.

Mi rendo conto di aver fatto una bellissima premessa, quasi da ufficio del turismo, ma adesso vi aspetterete che spieghi perché visitare il mio paese, e qui viene il bello.

Se volessimo seguire uno stile da sussidiario delle

medie, allora Mercato San Severino è interessante perché c'è produzione di grano, mais, patate, vino, olio, pomodori, ortaggi, ma mi rendo conto che con il settore primario non riesco a convincervi. E allora devo stupirvi con il fatto che c'è un bellissimo castello arroccato sulla collina che domina l'intera valle. Sì, lo so che di castelli ce ne sono tantissimi altri in Italia, ma il castello nostro, anzi permettetemi di dire il castello mio, è davvero molto bello.

Prima di tutto è il secondo castello per estensione in Italia, il che è tutto dire. Fu fondato da Turgisio, un cavaliere normanno al seguito di Roberto il Guiscardo, che da questi ricevette in beneficio la cittadina di Rota. Grazie alla venerazione locale per San Severino, vescovo evangelizzatore del Norico, Rota acquisì il nome che conserva tuttora. Mi rendo conto che è intricata come storia, d'altra parte anche sul ring mi piacciono le situazioni complesse.

Resta da spiegare perché nel nome c'è anche «Mercato», ma questo è più facile. Intorno al XIV secolo, nel solito atto notarile che risolve tutti i problemi, appare la scritta *in foro Sancti Severini*, che vuole dire proprio Mercato San Severino. Messa a posto la questione del nome, torno al castello per farvi sapere che l'area in cui è stato costruito misura 350 per 450 metri, pressappoco quanto 70 ring, con tre cinte murarie ben visibili e vi ha soggiornato anche San Tommaso d'Aquino perché la moglie del proprietario del tempo era sua sorella.

Se nemmeno il castello vi scuote, allora vi potrei parlare dell'altrettanto grande Parco naturale Diecimare, nei cui 444 ettari è possibile ammirare cinciallegre, picchi, gruccioni, upupe, rigogoli e cuculi (sì, lo confesso, la lista di questi uccelli l'ho copiata da internet).

Se siete refrattari anche al richiamo del birdwatching, allora vi porto sul concreto. Ogni sabato a Mercato San Severino si tiene un famosissimo mercato, mi sembra ovvio, in cui è possibile trovare davvero di tutto a prezzi molto abbordabili. Credete a uno che ha passato ore e ore fra quelle bancarelle.

Vi sarete accorti che sono sempre allegro quando parlo del mio paese, tranne quelle rarissime volte in cui qualcosa mi fa arrabbiare di brutto, perché i posti che hanno incorniciato la tua infanzia e adolescenza sono sempre i più belli al mondo. Bella la Statua della Libertà o il Monte Fuji, per carità, ma vuoi mettere Corso Diaz poco prima di Natale? Quando le radici affondano profondamente nel terreno di un luogo e di una comunità, strapparle è doloroso e non succede mai in maniera definitiva. Infatti, non solo Mercato San Severino mi ricorderà per sempre alcuni momenti fondamentali della crescita, ma soprattutto qui ho gli amici che mi conoscono da sempre e con i quali non sono Aziz Abbes Mouhiidine, pugile della Nazionale italiana, bensì Abbes, quello che da grande vuole tirare cazzotti. Se sono a Parigi è anche per loro e a loro sarò sempre legato.

8
Di nuovo argento mondiale nel 2023

Prima di arrivare al 2024 però avevo ancora tanta strada da fare e due anni dopo mi ripresentai ai Mondiali, questa volta con la consapevolezza e la speranza di poter salire sul gradino più alto del podio.

Siamo a Tashkent, in Uzbekistan, posto dove andrò anche durante questa preparazione olimpica perché il sistema pugilistico uzbeko e i suoi favolosi pugili sono un esempio da seguire e avversari da cui imparare tantissimo.

Questa volta il mio primo ricordo fuori dal ring non è negli spogliatoi come per il Mondiale precedente, ma per le strade della città, dove la gente mi guardava con una sorta di stima mischiata ad affetto. Lì il pugilato ha molti estimatori e i Mondiali venivano seguiti con attenzione, quindi immagino che qualcuno mi avesse riconosciuto. La sensazione di essere un personaggio noto a cui dedicare uno sguardo di apprezzamento mi diede tanta energia positiva.

Questo ricordo però riguarda gli ultimi giorni della competizione, prima ho dovuto meritarli quegli sguardi. Arrivo in Uzbekistan da vicecampione del mondo, campione europeo e oro ai Giochi del Mediterraneo e questa volta non sorprendo nessuno, tutti mi aspettano e mi temono.

Inizio il Mondiale contro il kazako Aibek Oralbay, un pugile più giovane di me e di ottima stazza fisica, che aveva fatto grandi cose nelle categorie giovanili. I miei colpi quasi rimbalzano sulla sua massa e si vede che diventerà un ottimo pugile. Vinco però con discreta facilità, scendo dal ring e mi ritrovo di fronte lo stesso pugile ma con qualche chilo in meno. Mi sento frastornato. Per un attimo penso che dopo un match duro e in cui ha preso bei colpi, il mio avversario sia sceso dal ring, abbia fatto il giro e adesso torni a farsi sotto fresco come una rosa. Solo dopo pochi secondi capisco che si tratta in realtà del fratello gemello, Nurbek Oralbay, che in questa edizione dei Mondiali vincerà la categoria dei massimi leggeri.

Passata la paura per l'apparizione di un secondo Oralbay, al secondo turno incontro l'ecuadoriano Julio Castillo, uno scafatissimo massimo (ha dieci anni più di me) che in America riesce sempre a farsi valere. E non solo nel suo continente, perché nel 2019 è stato argento mondiale perdendo solo in finale contro il russo Muslim Gadzhimagomedov (segnatevi questo nome).

La sfida è complicata, Castillo conosce la boxe come la strada di casa e mette un sacco di saggezza e trucchetti per volgere a suo favore soprattutto il ritmo di un match. Capisco subito che con lui devo stare più distante e mettere colpi evidenti, altrimenti mi tira dentro una bagarre da cui uscirò di sicuro perdente.

Applico questa strategia e vinco il match per 4-1, è stata dura ma da questi incontri capisci un sacco di cose, come in un corso di recupero di matematica in cui finalmente afferri come si risolvono le equazioni di secondo grado.

Superato l'ostacolo Castillo, ai quarti affronto il tajiko Davlat Boltaev. Ho parlato poc'anzi dell'Uzbekistan, ma nutro grande rispetto e ammirazione per i pugili di tutta l'Asia centrale. Hanno forza, sono intelligenti e veloci, e poi fanno sacrifici enormi. Affrontare Boltaev è un onore, ma ovviamente voglio vincere. Infatti parto forte e questo diventa il mio match migliore. Entro con discreta facilità nella sua guardia e colpisco pulito, i punti arrivano senza grande sforzo. Vinco 5-0 e sono di nuovo dove mi trovavo due anni fa, tra i primi quattro al mondo.

Al prossimo incontro mi tocca un pugile armeno, Narek Manasyan, un cubo di granito ma fatto di carne che ha quasi una sola tattica: costringerti al clinch continuo e a praticare una sorta di lotta greco-romana con i guantoni. Passo il match a divincolarmi e cercare di colpire. Credo di averlo fatto altrimenti i giudici non mi avrebbero assegnato la vittoria per 5-0. Questi sono match che si devono soltanto vincere, ma non mi diverto come quando riesco a fare almeno un po' di show. Che spettacolo vuoi fare quando l'avversario ti prende per il collo e ti tira giù?

Soprassediamo, anche perché c'è la finale e questa volta voglio diventare campione del mondo.

Sono meno teso della volta scorsa anche se davanti a me ho Muslim Gadzhimagomedov (vi avevo detto di non dimenticare questo nome), campione del mondo in carica e argento olimpico. Lui è un grande campione eppure sento di poterlo battere.

Quando mi presentano prima di salire sul ring ho degli occhi che a guardarli ora fanno paura anche a me. Lo speaker urla il mio nome e io lo scandisco insieme a lui: Aziz Abbes Mouhiidine. Ammazza quanto sono carico.

Vado all'angolo, tolgo l'accappatoio, saluto il mio sfidante, lancio un bacio al cielo e si parte.

No, non si parte, falso allarme. Una corda non è legata bene e l'arbitro argentino la mette a posto. Io e il russo ci guardiamo e dondoliamo, sembriamo degli antistress da ufficio di quasi due metri.

Poi si parte sul serio e mi faccio avanti con una combinazione sinistro-destro. Lo prendo con un bel gancio, faccio il mio ballettino con le ginocchia alte. Subisco anche qualche colpo, soprattutto sulla corta distanza, ma a colpire pulito sono io. Finisce il round, alzo il braccio, sento di averlo vinto.

Il secondo round è più sporco, lui sente di dover recuperare e mi aggredisce bloccandomi spesso in clinch, da cui esce poi colpendomi con una serie di ganci destri. A un certo punto mi scaraventa giù con una mossa di judo. Sinceramente è un round dove non succede quasi niente.

Si va al terzo e sento di essere in vantaggio. Dopo pochi secondi lo prendo con un gancio destro di cui ricordo ancora la soddisfazione. Lui adesso fa di tutto per colpirmi e si scopre, io schivo davvero tutto quello che mi passa davanti alla faccia, ma non riesco a mettere molti colpi d'incontro perché si butta contro di me e mi ritrovo sempre bloccato dal clinch. A 45 secondi dalla fine, altro mio gancio destro in pieno volto e dopo poco mi dà una testata, era naturale visto che continuava a lanciarsi a testa bassa contro di me. Gli ultimi dieci secondi sono completamente miei, lo prendo un altro paio di volte e non mi nascondo. Quando il round finisce saltello e alzo il braccio. Lo fa anche lui ma gli si legge in faccia che non è convinto.

Vado al centro del ring, sono eccitato. Ho il dito destro già alzato verso il cielo e aspetto che l'arbitro mi sollevi il braccio sinistro. Arriva lo speaker con la decisione e si mette alle nostre spalle. «*Ladies and gentlemen...*» sento la sua voce calda che mi inebria, non vedo l'ora di sentire il mio nome gridato in tutto il palazzetto.

All'improvviso sento: «*... to the red corner...*». Mi sento quasi venire meno. Ho perso, non so come sia stato possibile ma ho perso di nuovo. Rido con la faccia più amara che ho, mentre rivolgendosi ai giudici l'allenatore al mio angolo fa un gesto che più italiano non si può con il chiaro significato di «Ma che c...o avete fatto?».

Saluto il suo angolo, l'arbitro, e me ne vado, che altro devo fare? È la decisione peggiore che abbia mai assaggiato sulla mia pelle.

In seguito tutti mi hanno detto che era stato un risultato ingiusto, non solo i giudici e i tecnici italiani. Ma ormai il match era finito.

Ci resto male, ancora peggio che per la sconfitta contro La Cruz, ma questa volta non ho nemmeno un attimo per deprimermi. Fra poche settimane parteciperò agli European Games, la prima occasione per staccare il biglietto per Parigi e io su quel volo ci voglio salire il prima possibile.

9
Olimpiadi – la cerimonia di apertura

Fino a poche ore prima della cerimonia di apertura delle Olimpiadi non ero sicuro della mia partecipazione. Il match d'esordio era lontano solo due giorni, il tempo minacciava brutto e non era il massimo aspettare tanto tempo in piedi, magari anche sotto un acquazzone.

Tutto quello che ho scritto si è perfettamente avverato ma io alla cerimonia c'ero e sono stato un uomo fortunato.

La prima cosa di cui mi sento fortunato è l'aver partecipato a questo specifico evento, diverso da tutte le altre cerimonie olimpiche della storia. Come avrete visto, l'intero spettacolo si è svolto sulla Senna e in altri diversi luoghi della città e non in uno stadio come era sempre accaduto prima. Questo ha suscitato commenti positivi e negativi, come ormai succede per tutto quello che si fa, ma a me è piaciuto. Vedersi protagonisti di uno spettacolo così enorme al centro di una città così grande e bella è una grande emozione. Anche altri atleti che avevano già fatto cerimonie negli anni scorsi, mi dicevano che l'idea di essere in città è stata buona, facendo vibrare i loro cuori in maniera differente.

L'evento poi non inizia quando parte la delegazione, in questo caso sui battelli. Ma parte già dal Villaggio olimpico quando tutte le delegazioni si muovono verso i punti di incontro decisi dall'organizzazione e in questo caso non esiste momento in cui non scambi qualche parola o anche un semplice sorriso con un atleta di un'altra parte del mondo. La cosa che mi ha impressionato sono i colori che si mischiavano, segnale chiaro di un mondo che abbatteva frontiere.

In realtà la pioggia non ci voleva, ci siamo fatti un bagno esagerato. Dire che alla fine ero bagnato fin dentro le ossa non rende l'idea. La pioggia così intensa poi non ci ha fatto godere al meglio dello spettacolo, già per noi in parte monco perché stando sulla Senna ci perdevamo una parte dello show realizzato in altre zone della città.

Altra piccolissima critica è stata la nostra posizione. Dai, come Italia ci meritavamo un battello solo per noi, non perché non volevamo dividerlo con altre nazioni ma perché in questo modo poteva partecipare un maggior numero di atleti e allenatori.

Detto questo, penso e scrivo queste cose mentre mi sto ancora asciugando.

10

Tutto quello con cui sono cresciuto

Se volete immaginare la mia infanzia al di fuori della palestra, che è stata sempre il mio punto di riferimento, pensate a tutto quello che è successo e abbiamo vissuto negli anni Zero del nuovo millennio, un periodo per cui si nutre già una certa nostalgia. Io sono nato nel 1998 e quando siamo diventati campioni del mondo con la Nazionale di Marcello Lippi avevo otto anni. Il momento perfetto per vivere un'estate all'insegna della spensierata esplosione di felicità che la vittoria di un Mondiale di calcio ti può dare. Come tutti i bambini del tempo amavo i calciatori che ci avevano regalato quella gioia e non potrò mai dimenticare quanto è stato bello vedere entrare l'ultimo rigore di Grosso alle spalle di Barthez.

Se passiamo a lati più pop di quella stagione, ricordo perfettamente che quel periodo fu quello del *Grande Fratello*, una trasmissione che io non ho seguito fin dall'inizio e in maniera costante ma che entrava continuamente nei discorsi delle persone, così come si parlò a lungo della morte di Giovanni Paolo II, un Papa capace di segnare un'epoca e che sembrava quasi immortale nonostante i suoi tanti problemi fisici. Ricordo come mia madre ne parlava con sua sorella, quasi scioccata che fosse davvero morto e che da quel momento ci sarebbe stato un altro Papa a Roma.

Del 2006, poi, ricordo anche i Giochi Olimpici invernali di Torino, soprattutto per le vittorie di Enrico Fabris nel pattinaggio. Già al tempo ero affascinato da quella competizione a cui tutti si interessavano. In palestra sentivo dire dai più grandi che arrivare alle Olimpiadi era un sogno e deve essere stato in quella fase della vita che la voglia di andare e primeggiare alle Olimpiadi si è sedimentata dentro di me e non mi ha più lasciato.

Un altro momento che solo in seguito si rivelerà di svolta nella storia dell'uomo è l'arrivo dell'iPhone. Non ricordo la presentazione di Steve Jobs o tutto il trambusto mediatico che ne conseguì, ma ricordo la prima volta che vidi quel telefono. Non era un giocattolo né un videogioco che desideravo, quindi per me non significava nulla, ma ho ancora la sensazione di quanto attraesse i più grandi. Per loro sì che divenne subito un meraviglioso giocattolo da cui non riuscivano a staccarsi facilmente. A pensarci, abbiamo visto rivoluzioni davvero notevoli nelle nostre vite ma sono state così repentine che non ce ne siamo nemmeno accorti.

Del 2008 ricordo Barack Obama. Avevo solo dieci anni e le notizie politiche m'interessavano ben poco. Eppure quel nome girava di bocca in bocca anche tra i ragazzini. A malapena lo conoscevamo, eppure mi è rimasto impresso quanto la sua figura in qualche modo ci incuriosisse. Forse perché tutti raccontavano di come la sua elezione rappresentasse un evento storico e noi bambini siamo attirati da chi riesce a rompere i tetti di cristallo e aprire nuove strade; d'altronde i bambini sono il futuro, a cosa dovrebbero aspirare? Obama dava proprio quella sensazione, la grande novità che arrivava anche a noi, chiusi in una palestra di Mercato San Severino, eppure aperti alla grande storia.

Poi ricordo purtroppo anche i disastri, come il terremoto in Abruzzo, che mi colpì molto perché al tg vidi l'enormità della distruzione delle case e la sofferenza delle persone. E un'altra cosa che ricordo bene è la morte di Michael Jackson: non era più l'artista più seguito dai giovani ma chi non lo conosceva?

Negli anni successivi seguii le grandi storie nazional-popolari: il Triplete dell'Inter fu una bella avventura e poi con Mourinho tutto divenne ancor più spettacolare, la *Costa Concordia* all'Isola del Giglio, le dimissioni di Papa Benedetto XVI e l'arrivo di Papa Francesco con la sua faccia così simpatica, per non parlare dell'attacco terroristico al giornale *Charlie Hebdo* a Parigi. Erano tutte vicende che in qualche modo entravano anche nella palestra di mio zio o di cui ascoltavo i resoconti per poi parlarne a scuola con gli amici.

Mentre accadeva tutto questo però, al pari di tutti i bambini e i ragazzini, io navigavo tranquillo fra le cose che mi piacevano davvero, come se il mondo fosse altrove.

Dovete sapere che la tranquillità e soprattutto la stasi non hanno mai fatto per me. La vivacità e l'attività continua sono sempre state le mie caratteristiche fin da piccolo, e ne sa qualcosa mia madre, la quale ogni tanto mi veniva a salvare da un volo che stavo per fare dopo essermi arrampicato da qualche parte. Questa mia voglia di muovermi e di essere sempre in azione è stata la causa della mia presenza in palestra fin da piccolissimo. Mia madre sapeva che lì potevo muovermi e giocare sotto gli occhi vigili di mio zio Gennaro e del fratello Luigi, una benedizione per me ma anche per lei che almeno per qualche ora al giorno poteva rilassarsi e smettere di corrermi dietro.

Io poi sono figlio unico e mi annoiavo parecchio a restare a casa, quindi sono sempre stato per strada o in palestra, dove ho stretto tantissime amicizie che restano salde anche adesso.

Come succede spesso ai figli unici, quando ero da solo non mi perdevo d'animo e m'inventavo di tutto per passare il tempo. All'epoca non c'erano né telefonini né iPad e non avevo una grandissima passione per i videogiochi, per cui l'unico modo per occuparmi era creare dei mondi paralleli (altro che i multiversi di oggi, al tempo ne creavo uno al giorno). Era l'epoca di Valentino Rossi e quale bambino non rimaneva affascinato da uno sportivo così vincente e geniale nella sua disciplina, capace anche di restare un ragazzo spigliato, sorridente, bravo nel coinvolgere sempre tutti nei suoi festeggiamenti. Era veramente un mito per tutti noi.

Per un Natale chiesi una piccola moto, ma quando Babbo Natale se ne dimenticò non mi feci abbattere. Non avevo la moto? Nessun problema, inforcavo il manico della scopa o qualche altra cosa che trovavo in casa e con somma disperazione di mia madre partivo per i miei Gran Premi al grido di «Valentino Rosssssiiiii». Scorrazzavo per casa a tutta velocità, piegando la «moto», cioè me stesso, proprio come faceva il grande campione, sfiorando mobili, suppellettili e soprattutto vasi da fiori che oscillavano al mio passaggio (il che mi gasava tantissimo perché mi sembrava di creare una sorta di tornado ogni volta che ci sfrecciavo vicino). I vasi non cadevano solo perché la forza di gravità o qualche altra forza superiore agivano per far felice mia mamma e salvare i suoi bei fiori da una fine ignominiosa.

Come tanti altri miei coetanei giocavo, anche se poco, ai videogiochi, soprattutto a quelli calcistici e mi immedesimavo non solo nei calciatori ma anche negli allenatori. Così, una volta terminata la partita, mi mettevo davanti allo specchio e concedevo le interviste di rito. Gli allenatori danno sempre le stesse risposte, per cui una volta memorizzate frasi come «Abbiamo dato il massimo», «La prima mezz'ora abbiamo giocato bene», «La partita è stata difficile, l'avversario ci ha creato molti problemi» e quella che sta bene su tutto «Resettiamo questa partita e guardiamo avanti», non era difficile immaginarmi in sala stampa.

Tuttavia come ho detto, a casa ci stavo poco, perché il divertimento per me è sempre stato fuori, in mezzo agli amici. Quando ero bambino non si vedeva ancora l'esercito di minizombie con lo sguardo fisso sullo schermo del telefonino come oggi. I giochi che ci appassionavano erano nascondino, campana e le immancabili partite di pallone.

Giocare a nascondino si trasformava spesso in una prova di escursione estrema, perché mentre da piccoli ci nascondevamo nei pressi della «tana», con gli anni il raggio ha cominciato a estendersi fino ad angoli di Mercato San Severino per noi sconosciuti, dove i poveri cercatori non riuscivano mai a scovarci. È merito del nascondino se ho imparato a conoscere il mio paese palmo a palmo.

Campana è un classico che al Sud hanno giocato generazioni di ragazze e ragazzi. Tiri un sasso e salti, cercando di restare in equilibrio. A me piaceva perché potevo saltellare fino a sfinirmi e finalmente nessuno mi diceva di stare fermo.

E infine le partite di pallone nei posti più strani e a volte improbabili del mio paese, e che d'estate erano interminabili. Se anche voi avete superato i trent'anni di età, sapete che le partite di calcio avevano un inizio mattutino, non dico all'alba ma poco ci manca, prevedevano una breve pausa per il pranzo per poi ricominciare e proseguire a oltranza. Molti dicono che si fermavano al tramonto, ma siccome io e i miei amici giocavamo in uno spiazzo illuminato ci concedevamo anche la sfida notturna. Quanto erano belle quelle partite di calcio, il tempo sembrava sempre troppo poco ma anche dolce perché passato con gli amici.

Come avrete capito a casa non c'ero quasi mai e la mia giornata tipo dipendeva dal periodo dell'anno. Nei mesi di scuola, alla fine delle lezioni correvo a casa, facevo nella maniera più spedita possibile i compiti e poi correvo a giocare in piazzetta, poi alle 18.30 tornavo a casa, mi cambiavo e alle 19.00 ero in palestra per praticare gli sport che amavo già alla follia, prima il karate, poi la kickboxing e infine il pugilato.

Le giornate estive invece erano molto più monotematiche, anche se a volte interrompevo le infinite partite di calcio per andare in palestra per poi ricominciarle a fine allenamento. Era dura, lo so, ma qualcuno doveva pur farlo.

Per fare questa vita devi avere due genitori che fin da subito ti danno fiducia e sanno anche quali persone frequenti, e da questo punto di vista sono stato estremamente fortunato perché prendere una cattiva strada non è per niente difficile.

Insieme ai miei ho viaggiato tanto, visitando luoghi dell'Italia che mi sono rimasti impressi per la loro straordinaria bellezza. Fin da piccolo ho capito quanto sia bella l'Italia, un Paese unico al mondo di cui dobbiamo essere orgogliosi. Mio padre lavorava duro dalle cinque di mattina alle sette di sera, dal lunedì al venerdì. Aveva tutto il diritto di passare il sabato e la domenica sul divano senza far nulla eppure succedeva di rado, diciamo solo quando pioveva forte, il che da noi è un evento raro.

Altrimenti tutti e tre salivamo in macchina per lunghe gite, o anche brevi escursioni al centro commerciale o in uno dei tanti parchi giochi che hanno segnato la mia infanzia, o ancora in luoghi meravigliosi, come le Grotte di Pertosa, dove sono rimasto estasiato ad ammirare stalattiti, stalagmiti e altre formazioni plasmatesi nel corso dei millenni in un ambiente dantesco.

Forse l'esperienza più bella che ho vissuto da bambino è stato il viaggio in Marocco con i miei. Avevo sei anni e tutto mi sembrava entusiasmante, a partire dal viaggio in macchina attraverso Italia, Francia e Spagna fino al mare e al traghetto per passare lo Stretto di Gibilterra. Ancora oggi, dopo aver girato mezzo mondo grazie alla boxe, quando ci penso mi vengono i brividi.

In Marocco ho trovato l'altra parte di me, un'esplosione di affetto e tanta generosità, e l'unico aggettivo che potrei usare per quella vacanza è «fantastica».

Incontrai per la prima volta i miei nonni, dei quali papà mi parlava spesso e che per lui hanno voluto un futuro migliore, appoggiandolo e sostenendolo sempre. Ricordo con emozione i loro volti, diversi da quelli a cui ero abituato e su cui la fatica era impressa in maniera evidente, ma anche sorridenti e fieri dei risultati del loro figlio. Erano consapevoli di quanto fosse stato giusto credere nelle sue capacità e nei suoi desideri, un orgoglio che ho avuto la fortuna di vedere anch'io negli occhi dei miei genitori.

Ma non incontrai solo loro. Infatti mio padre e tutte le sue sorelle e fratelli avevano deciso di riunirsi in Marocco. Le mie zie e i miei zii vivono in diverse parti del mondo, chi in Belgio, chi in Arabia Saudita, chi, come noi, in Italia, quindi la tribù con cui vissi quei tre mesi era enorme, composta da adulti sempre allegri e felici di rivedersi tutti insieme e una marea di ragazzine e ragazzini con cui giocare. Considero una fortuna aver vissuto quei momenti. Quando rientrammo a casa fu dura, però dopo qualche giorno di malinconia ricominciai la mia routine e tutto tornò come prima.

Avere genitori insensibili alle attrattive del divano è stato ancor più importante quando sono cresciuto. Se prima, come ho raccontato, erano loro a pensare ai viaggi per farmi vivere belle esperienze, in poco tempo sono diventato io il traino e il motivo per uscire di casa. Fin da piccolo, infatti, ho iniziato a girare per tornei e match in Campania prima e in tutta Italia poco dopo. I miei genitori, spesso entrambi, si mettevano in macchina e macinavano chilometri per seguire il loro figlio che voleva fare il pugile.

Io volevo prima il loro appoggio e il loro sguardo su di me, saperli presenti mentre cercavo di fare ciò che i miei maestri mi avevano insegnato. Poi subito dopo volevo le loro parole, che sapevano tranquillizzarmi, sostenermi e scuotermi in momenti anche difficili per un ragazzino (oh, salire su un ring per affrontare un altro a pugni non è la cosa più facile del mondo) e infine non vedevo l'ora di guardarli negli occhi quando scendevo dal ring dopo aver vinto. Non dimentico nemmeno uno sguardo di mia madre e mio padre dopo un match. Quelli sono i momenti che hanno accompagnato la mia vita.

11
Ansia da prestazione

Sono sempre stato uno che aveva un po' di ansia da prestazione... diciamo parecchia, siamo onesti.

Prima di tutto a scuola. Ho fatto le scuole medie a Mercato San Severino e poi le superiori al Liceo Scientifico «Rescigno» di Roccapiemonte. Che anni, si dice siano i più belli, e resta una grande verità.

Anni anche ansiosi, appunto, perché dovevo mettere insieme una scuola impegnativa e un'attività sportiva ormai di alto livello e non era semplice.

La cosa più importante è stato il fatto di avere un gruppo di amici capaci di rispettarmi, non solo di volermi bene. Hanno capito subito la vita che facevo e non solo mi aiutavano quando potevano (quante interrogazioni al mio posto si sono sorbiti e quanti suggerimenti durante i compiti di Fisica), ma appunto mi rispettavano. Dopo pochi giorni di conoscenza si sono resi conto che il mio essere a volte distante da tutto quello che accadeva a scuola era dovuto a un impegno intenso nello sport e lo hanno riconosciuto senza mostrarsene mai disturbati.

A dire la verità, non tutti i professori che ho avuto si sono comportati così con me. A scuola, almeno nel periodo in cui l'ho frequentata, c'era ancora l'idea che la ragazza o il ragazzo che faceva sport stessero perdendo tempo prezioso.

Ovviamente non è così. Lo sport insieme alla scuola possono cambiare veramente il mondo, ma non devono farsi la guerra.

Voglio però citare un insegnante che invece mi ha sostenuto sempre, il prof di religione Giuseppe Palmisciano. Lo voglio ricordare perché oltre a sostenermi sempre, un giorno mi disse: «Guardando i sacrifici che fa la tua famiglia, ho capito che diventerai un grande pugile».

È una frase molto importante perché sono anche gli altri a fare l'atleta, sono quelli che ti circondano a definirti e a spronarti e il prof Palmisciano lo aveva capito.

Se l'ansia da prestazione a scuola veniva in parte attutita dal sostegno dei miei compagni, da amici che sono ancora il mio gruppo, sul ring ero solo e non potevo chiedere aiuto a nessuno.

Un momento davvero terribile e allo stesso tempo illuminante l'ho vissuto all'età di dieci anni. Con mio zio in palestra la boxe e gli altri sport erano un divertimento, un gioco. Un giorno però dovevo andare a disputare un incontro in una palestra di Napoli. Già durante il viaggio avevo mille paure, mille tensioni. Arrivai in questa grande città e vidi la palestra. Era enorme, dieci volte più grande di quella dove mi allenavo. La palestra di Mercato San Severino era il mio parco giochi, questa invece faceva paura.

Dopo essermi vestito e aver indossato i guantoni e il caschetto tremavo tutto, avevo paura non dell'avversario o dei colpi che potevo prendere ma del contesto che a me sembrava troppo più grande di me.

Cosa fa un bambino in quelle condizioni? Ovviamente piange. E cosa fa un bambino che piange? Cerca la mamma. Infatti chiesi tra le lacrime di poter vedere mamma, che mi abbracciò fortissimo. Poi si avvicinò mio papà e mi disse: «Pensa di essere nella tua palestra e divertiti come fai sempre».

L'abbraccio di mamma e le parole di papà servirono da calmante naturale ed eccitante ancor più naturale. Feci un bellissimo incontro, vinsi e tanti allenatori iniziarono a volerne sapere di più su quel ragazzino con il nome strano.

12
La cotta per il karate

Il mio primo amore non è stata la boxe, l'ho detto più volte e continuo a ripeterlo perché la disciplina che mi ha portato e fatto restare in palestra quando ero piccolo è stata il karate.

Avevo quattro anni quando ho iniziato a praticarlo: è un'arte marziale che devi vivere per comprendere cosa ti può insegnare nello sport e nella vita. Quello che sono oggi come atleta la devo al karate, e anche se pratico un altro sport la base di ciò che faccio sul ring come pugile lo devo alla mia prima cotta sportiva.

Basta un'occhiata ai principi di base del karate per comprenderne l'applicabilità anche alla boxe. Ve li elenco perché sono utili in ogni ambito della vita e metterli in pratica contribuisce a renderci persone migliori.

Primo: «Non dimenticare che il karate-dō inizia con il saluto e finisce con il saluto». E cosa facciamo noi pugili prima del match? Quello sguardo prolungato occhi negli occhi mentre l'arbitro ci spiega le regole, per poi toccarci i guantoni, viene proprio da questa regola fondamentale. Siamo lì a combattere ma in fondo anche a divertirci perché c'è l'altro che ce lo permette e pertanto all'inizio e alla fine del combattimento dobbiamo salutarlo e ringraziarlo. Solo grazie all'avversario riusciamo a gustarci le emozioni che la boxe ci dà.

Secondo: «Nel karate non esiste la prima mossa». Questo precetto è stato variamente interpretato a seconda dei maestri che ne hanno parlato nei loro scritti. L'idea di fondo è che non si deve attaccare qualcuno in maniera irragionevole e scellerata, il miglior attacco è il contrattacco e questo vale anche nella boxe. Inoltre «*Karate ni sente nashi*» significa che durante l'attacco bisogna sempre mantenere l'autocontrollo, ma al contempo agire con determinazione per non farsi sopraffare dall'avversario.

Terzo: «Il karate è al servizio della giustizia». Questo è un concetto molto ampio che fa riferimento a una filosofia di vita che va oltre la pratica sportiva. Il karate, come la boxe, deve essere prima di tutto rettitudine nella vita di tutti i giorni: solo se rispetti limiti e regole ti meriti di combattere. In secondo luogo è anche riconoscenza nei confronti dei maestri che ti hanno insegnato principi e tecniche del karate. Potremmo dire che karate e boxe sono palestre di vita i cui insegnamenti servono quando si è in famiglia, per strada, insieme agli altri, da soli.

Quarto: «Prima conosci te stesso, poi conosci gli altri». Questo precetto è la base di qualsiasi sport di combattimento e ovviamente anche della boxe. Non si può affrontare nessuno se non si ha la piena consapevolezza delle proprie capacità fisiche e mentali e se non si conosce a fondo il proprio stato di forma. Solo mappando ogni millimetro del proprio corpo e ogni moto della propria anima si raggiunge la pienezza di sé necessaria per combattere su un ring e vincere. La boxe è per buona parte esercizio su sé stessi, e quando sei sul ring tutto diventa una sorta di dimostrazione esterna di quanto hai costruito all'interno. Una volta che hai conosciuto a fondo te stesso, puoi aprirti alla conoscenza degli altri, avvicinandoti a essi con un'apertura mentale altrimenti inconcepibile. Le arti marziali, così come la boxe, insegnano la tolleranza e la correttezza, l'altro diventa una risorsa per la condivisione di tutto quello che ci circonda. Boxando capisci davvero quanto l'altro sia essenziale per te.

Quinto: «Lo spirito prima della tecnica». In questo caso non tutti gli allenatori che ho incontrato nella mia carriera sarebbero d'accordo, ma mio zio e suo fratello Luigi lo sono. La tecnica pugilistica è il bosco in cui devi entrare e di cui conoscere tutte le strade e i sentieri. È un bosco molto fitto, in cui crescono alberi millenari che possono farti perdere l'orientamento. Lo spirito è la guida interiore che ti indica la via maestra e quelle alternative per uscirne nel modo migliore. Non riesco a spiegarlo meglio che con questa metafora, mi rendo conto, un po' ardita.

Per un pugile la tecnica è tutto ciò che deve fare con il suo corpo su un ring. Lo spirito è il principio che gli consente di compiere le azioni migliori, quelle che servono per vincere il match.

Sesto: «La mente ha bisogno di essere liberata». È proprio così, non c'è dubbio. Quando sali sul ring la tua mente dev'essere occupata solo dalla strategia, per rispondere nel minor tempo possibile alle contingenze che l'avversario e le fasi del match ti pongono davanti. Per potersi esprimere al meglio, ogni piccola area del cervello deve essere sgombra da pensieri e pressioni. Si capisce subito, spesso con dispiacere, quando un pugile non ha lasciato tutti i pensieri negli spogliatoi, e sale sul ring con la mente non perfettamente centrata sul match.

Settimo: «La disgrazia origina dalla disattenzione». Beh, se non è questo il principio forse più utile anche per la boxe, ditemi voi qual è? Se un pugile si distrae sul ring potete già far suonare il gong finale perché non c'è più speranza. La boxe è attenzione quasi maniacale all'altro e a sé stessi nel momento presente, il tutto ripetuto per tre riprese da tre minuti. E tutta quella concentrazione alla fine ti stanca più dei colpi dati e ricevuti.

Ottavo: «Non pensare al karate solo nel dōjō». Questa a volte è più una condanna che un nobile principio da seguire. Non puoi essere un pugile solo durante le ore di allenamento e sul ring, ma anche quando incontri gli altri, quando ti siedi a tavola, quando ti rilassi sul divano, quando ti innamori, quando ti allontani o ti avvicini a una persona, sempre. Si è pugili in ogni attimo e questo è il bello e il brutto della strada che abbiamo scelto.

Nono: «Il karate si pratica tutta la vita». Questo precetto è strettamente legato al primo ma ne allunga gli «effetti» anche dopo la pratica agonistica. Non si può essere pugili fino alla fine dell'ultimo round dell'ultimo match e poi diventare qualcosa di diverso. Ciò da una parte significa che difficilmente ti staccherai dal mondo della boxe e in qualche modo cercherai di trasmettere agli altri tutto quello che i maestri hanno insegnato a te, dall'altra che, quando scenderai per l'ultima volta dal ring, dentro di te resterai un pugile fino all'ultimo dei tuoi giorni.

Decimo: «Applica il karate a tutte le cose, lì è la sua ineffabile bellezza». Precetto meraviglioso. Le arti marziali e la boxe ti insegnano tanto, soprattutto nel rapporto con l'altro. Il bello è applicare ciò che si è imparato anche nella vita quotidiana. Io non ricordo di essere stato diverso prima di apprendere questi precetti anche perché ho iniziato a fare karate a quattro anni. Altre persone che ho conosciuto, però, che hanno iniziato a praticare un'arte marziale o uno sport da combattimento in età più tarda, prima o poi mi hanno sempre sottolineato quanto la loro vita sia cambiata da quel momento in avanti. I principi che apprendi sono così profondi che riportarli nel quotidiano è semplice e bellissimo perché ti senti meglio.

Undicesimo: «Il karate è come l'acqua calda: se non viene costantemente scaldata, ritorna fredda». Regole, principi, tecniche, strategie e mosse non sono dati una volta per tutte, ma si trovano in equilibrio precario su un crinale strettissimo da cui possono facilmente cadere. Bisogna alimentare in continuazione ciò che già si conosce, altrimenti lo si perde.

Dodicesimo: «Non portare il pensiero di vincere, è necessario il pensiero di non perdere». Anche questo principio è stato variamente interpretato dalle diverse scuole, e io lo intendo in maniera molto personale. Io voglio vincere, a volte per me vincere è necessario quanto respirare. Ma anche se questa smania di vincere ti deve guidare, non puoi vivere con il pensiero di doverlo fare per forza: talvolta anche il desiderio di non perdere può portarti alla vittoria sul ring. Mi rendo conto che è un pensiero un po' contorto, ma ben si lega al principio successivo.

Tredicesimo: «Cambia a seconda del tuo avversario». Se fai tuo il pensiero di non perdere, sei portato a cambiare, a modificare le tue strategie, mantenendo inalterata la voglia di vincere ma fondandola sulla tua capacità di adattamento all'avversario. Nella boxe ti devi per forza adattare all'avversario, altrimenti lui si adatta a te e sono guai.

Quattordicesimo: «Una battaglia dipende da come si padroneggia il pieno e il vuoto». Qui andiamo sul filosofico spinto. In Oriente il vuoto è semplicemente l'alternativa al pieno, non ha una connotazione negativa come in Occidente. Ma non si tratta solo di un concetto, perché nelle arti marziali il vuoto ha una valenza pratica. Come mi ha insegnato il mio maestro, il vuoto sono le possibilità, l'apertura totale a quello che può accadere. Il pieno è quello che fai accadere, la forma pratica con cui riempi il vuoto in quel momento. Pertanto il vuoto è il benvenuto perché stimola ciò che si costruisce nel pieno. Di conseguenza, una sfida con un'altra persona dipende da come il vuoto delle forme riesce a stimolarci e a farci essere fantasiosi.

Quindicesimo: «Pensa a mani e piedi di una persona come spade». Le tue armi sono le mani e i piedi, sebbene questi ultimi nella boxe non si usino per colpire. I piedi sono il tramite energetico che ti permette di colpire con le mani. Se muovi bene i piedi, muovi bene anche le mani e colpisci con il giusto tempo.

Sedicesimo: «Se esci dalla porta di casa ci sono un milione di nemici». Devo dire la verità, questo non l'ho mai capito, probabilmente quando questi principi sono stati formulati la difesa personale era una questione privata. Non è che diventi pugile o karateka per boxare in mezzo alla strada. Nella testa si è pugili sempre, ma si combatte solo sul ring. Anzi gli sport di combattimento insegnano a non temere mai l'altro, ma prima di tutto a conoscerlo e rispettarlo. Ti rendi conto così che fuori ci sono solo tuoi simili.

Diciassettesimo: «La guardia è per principianti, poi viene la posizione naturale». Per prima cosa si insegna la kamae, ovvero la posizione di guardia, ma quando hai le giuste conoscenze puoi passare a un atteggiamento di difesa tale che sappia prepararti per l'attacco. Vale parola per parola anche nella boxe. E c'è pure un'altra cosa. Non si può tenere un solo atteggiamento difensivo, quello più facile e protettivo. Spesso non devi difenderti con i guantoni ma con il movimento: rischi di più, ma sei anche più pronto per contrattaccare.

Diciottesimo: «I kata devono essere precisi, il combattimento vero è un'altra cosa». I kata sono le diverse forme del combattimento che si differenziano per spazio, tempo e velocità. Gli elementi fondamentali per realizzare un buon kata sono determinanti anche per noi pugili: le posizioni degli arti devono essere corrette, le tecniche utilizzate con precisione, i movimenti di transizione da una forma all'altra armonici, senza dimenticare di mantenere un determinato ritmo, la corretta respirazione e di aggiungere espressività.

Anche noi pugili costruiamo forme dalla mattina alla sera seguendo questi insegnamenti, anche se applicarle durante il match è difficile. Le forme memorizzate ci aiutano a muoverci bene, poi dobbiamo adattarle, duttili già per loro natura, a quello che ci propone il combattimento.

Diciannovesimo: «Non dimenticare l'intensità della forza, l'estensione del corpo e la velocità della tecnica». Nella boxe devi colpire con il tempo giusto, alla giusta distanza, con la giusta forza e velocità. Tutto quello che il karate insegna, nella boxe vale anche doppio.

Ventesimo: «Abbi sempre pensieri ingegnosi». Questo è il principio che mi piace di più. Sul ring non puoi fermarti a quello che conosci e hai studiato del tuo avversario, ma partire da lì per scoprire cose nuove e soprattutto inventare. Devi sorprendere prima te stesso per poter sorprendere l'avversario.

Questi sono i venti precetti del karate insegnati dal grande maestro Gichin Funakoshi e che, come avrete capito, sono essenziali anche nel pugilato.

Il karate mi ha insegnato prima di tutto la disciplina, il che per un bambino di quattro anni com'ero io è stato determinante, e poi la determinazione, perché se non sei deciso quando fai karate, conoscere questi principi non serve a nulla. Inoltre mi ha insegnato il movimento, la forza che ho sulle gambe, tutto il footwork che uso per muovermi e boxare, la distanza, il saper scegliere bene il tempo.

Vi confesso che è stata dura lasciare il karate perché

mi piaceva tantissimo, me n'ero davvero innamorato. A un certo punto però è arrivato un altro amore e ho dovuto scegliere (non diteglielo, alla boxe intendo, che in palestra quando non mi vede, indosso ancora i guantini e mi diverto a tirare un po' di karate. Dai, una scappatella si può anche perdonare).

13

Gli altri contano

Come avrete capito ero un bambino forte, ma allo stesso tempo anche fragile. L'abbraccio tra le lacrime con mia madre prima di salire sul ring divenne una sorta di rito in quegli anni. Credo che sia normale avere tante paure a quell'età, siamo stati tutti bambini, poi ragazzini e adolescenti, con tutto quello che queste fasi della vita comportano. Io però, fin da quando ricordo, mi sono sempre sentito anche qualcos'altro, ovvero un atleta.

Essere un atleta fin da bambino, perché cresciuto in una famiglia con uno zio materno allenatore, ha significato molto e segnato letteralmente la mia quotidianità. Vi faccio un esempio molto concreto per spiegarmi meglio: avevo tredici anni e dovevo partecipare al Campionato italiano di pugilato schoolboy. La categoria in cui dovevo partecipare era quella dei 68 kg ma ne pesavo 70. Dovevo assolutamente perdere quei due chili di troppo.

Come si fa in questi casi? Semplice, ci si sveglia alle 05.40, allenamento di 30 minuti, doccia, colazione, si procede poi con le cinque ore scolastiche, si torna a casa ma non in bus – troppo facile –, bensì a piedi per continuare il lavoro sul fisico, si fanno i compiti e verso le 17 si va in palestra per restarci fino alle 20. Poi, tornato a casa, spesso davo uno sguardo alla cena senza toccare nulla perché ero così stanco da buttarmi sul letto così come stavo.

Rispettare un programma del genere a tredici anni non è facile, ma quel Campionato poi lo vinsi e tanti si accorsero di me.

Proprio per aver vissuto fin da bambino focalizzato sullo sport, ho avuto la fortuna di stringere amicizie fantastiche. Tanti ragazzi di Mercato San Severino o che conoscevo a scuola hanno deciso di frequentare la mia stessa palestra e per me è stata una benedizione. Non solo avevo amici con cui parlare e scherzare durante le sessioni di allenamento, per renderlo più leggero, ma avevo soprattutto persone con cui condividere i sacrifici. Quando sei adolescente, non è piacevole rinunciare a uscire il sabato sera perché il giorno dopo hai un incontro. Ma se insieme a te lo fa anche un tuo amico, tutto diventa più facile.

Prima dicevo che essere attorniato da amici di questo tipo è stata una benedizione perché tu puoi avere tutto il fuoco e la voglia di emergere, ma se le persone che hai intorno quel fuoco non lo alimentano ogni giorno, finisce per spegnersi.

Ovviamente l'innesco dev'essere dato dalla famiglia o dagli esempi, ma gli amici contano tantissimo. Per quanto sei focalizzato sui tuoi obiettivi o capisci di avere grande talento per una determinata cosa, che sia lo sport o qualcos'altro, ci sono dei tristissimi momenti no da superare. Difficile che ci riesci da solo. Saranno le persone a te più vicine a intervenire per sostenerti in maniera concreta, con una parola, un abbraccio, uno sguardo fatto nel modo giusto e al momento giusto.

Senza gli altri nessuno può diventare campione. Ma devono avere la tua stessa caparbietà e determinazione, a volte addirittura più della tua, come se vedessero un futuro che tu hai perso di vista e devono spronarti per fartelo raggiungere.

14
Le vittorie nei tornei giovanili

Vi ho già raccontato dei Mondiali, due argenti che brillavano come l'oro, ma restano argento. Frasi consolatorie come «la vittoria morale è tua» non mi fanno impazzire. Quando sei secondo negli annali resti secondo. Quante persone tra dieci anni guardando il medagliere dei Mondiali di Belgrado e Tashkent mi riconosceranno l'oro morale? Nessuno.

Più avanti vi racconterò di vittorie importanti, come i due ori nei Giochi del Mediterraneo e soprattutto l'oro agli European Games che mi ha aperto le porte di Parigi 2024, ma adesso voglio parlarvi delle prime vittorie, quelle che mi hanno dato lo slancio per credere nel mio sogno.

Primo grande torneo vinto sono stati i Campionati italiani schoolboy di Rimini nel 2011, a tredici anni. Partecipo nella categoria dei 68 kg ed è la prima volta che sfido gli altri per un Campionato italiano. Le emozioni di un bambino per un'opportunità del genere sono davvero difficili da mettere su carta, sento ancora i battiti del cuore rimbombarmi nella testa.

Non ero all'esordio assoluto nella boxe, ma avendo combattuto solo quattro match poco ci mancava, e del ring non sapevo ancora nulla. Anche per questo motivo, dovendo incontrare invece ragazzi molto più scafati di me, nessuno mi concedeva una chance di vittoria.

Fatto sta che arrivo in semifinale e chi mi ritrovo a tifare per me? Mio padre, che aveva lasciato il lavoro per un paio di giorni per vedere con i suoi occhi cosa stava combinando il figlio. Nonostante la sua presenza, la semifinale si mette male, e dopo due round sono evidentemente sotto nel punteggio. Nella terza ripresa però, in un incrocio, sparo un destro secco sul naso del mio avversario. Inizia a sanguinare copiosamente e in quelle condizioni non si può più continuare. Un pugno, un solo pugno e tutto gira di 180 gradi, questo è il bello e il brutto del pugilato. Per fortuna la ruota quel giorno ha girato dalla mia parte.

Dopo quella vittoria, in finale mi aspettava lo spauracchio del torneo: un atleta siciliano tredicenne già molto strutturato fisicamente, che aveva già venti match sulle spalle. Per lui arrivare in finale era stata una mezza passeggiata e adesso ero io il suo agnello sacrificale.

Ma se sono qui a scrivere questo libro, mi sa che la fine dell'agnello non l'ho fatta. Quello fu il match in cui più che negli altri volevo dimostrare a mio padre quanto fossi bravo. Volevo ringraziarlo per avermi raggiunto a Rimini lasciando i suoi impegni, e poi renderlo orgoglioso. Vinsi quel match e continuai la corsa, che mi portò al Torneo Azzurrini Junior, dove persi in finale nella categoria 75 kg, e dove l'anno successivo, nel 2014, mi ripresentai nella categoria 80 kg. Quell'anno avevo già tutta un'altra consapevolezza del mondo del pugilato in generale e della mia forza in particolare. Non solo ero bravo, e questo lo riconoscevano tutti, ma ero già stato in Nazionale e nella categoria ero il primo del ranking. Queste certezze rendono un pugile sempre più forte e deciso.

Infatti quel torneo lo ricordo come la semplice conferma di ciò che ormai sapevo da un anno, ovvero di essere il miglior 80 kg del Paese, e vinsi senza nemmeno soffrire più di tanto. I match furono impegnativi, ma fu enorme anche il divertimento di vedere come riuscivo a vincere grazie alle mie doti sempre più in fase di definizione. Vittorie del genere non sono però da considerare come eventi di scontata affermazione o di passaggio verso impegni più ostici. Vincere i tornei dove si è già dall'inizio il favorito numero uno è la migliore testimonianza che il lavoro svolto è stato corretto e di conseguenza cresce esponenzialmente la fiducia nel lavoro che ti aspetta e nelle persone con cui lo fai. Quando ottieni dei risultati, sei ben disposto a lavorare di più e a puntare a risultati più ambiziosi. Sembra una facile equazione in cui tutti i termini sono al posto giusto, forse irrealizzabile in ambito non sportivo, ma per il pugilato e lo sport in generale è proprio così. Lavorare-vincere-lavorare, è uno schema efficace che fortifica anche la mente.

Il passo successivo furono per me i Campionati mondiali Youth, che si svolsero nel 2014 a San Pietroburgo, in Russia. Quando dico ai pugili della palestra in cui mi alleno che spesso è nelle sconfitte che si riesce a trovare lo stimolo per il salto di qualità decisivo, mi riferisco proprio a esperienze come quella che ho vissuto in Russia.

Giunsi a San Pietroburgo da sedicenne, un pulcino rispetto agli atleti già nel pieno delle forze presenti a quel torneo. Eppure arrivai a un passo dalla medaglia, perdendo ai quarti contro un grande pugile già all'epoca, l'americano Richard Torrez. Torrez era un tipo molto poliedrico, infatti era, ed è, un grande giocatore di scacchi, e più o meno negli anni del nostro match fu quasi sospeso da scuola perché con i suoi compagni stava miscelando un nuovo combustibile per missili all'interno dei laboratori dell'istituto. Inoltre seguiva assiduamente corsi di danza classica perché sapeva che gli tornavano utili nella boxe. Anch'io penso che la danza aiuti molto nella boxe, ma Torrez arrivò perfino a interpretare Gaston in una rappresentazione della *Bella e la Bestia*. Poi disse che quell'esperienza era stata molto più difficile delle Olimpiadi di Tokyo, e io gli credo.

Nel match contro di me vinse di misura, soltanto per 3-2; poi proseguì la carriera con ottimi risultati, tra cui la medaglia d'argento a Tokyo nei supermassimi, e a oggi nel professionismo ha vinto dieci incontri su dieci, tutti per ko.

Sfidare un pugile del genere e capire di essere alla pari con lui dà tanta fiducia, la benzina necessaria ad alimentare il motore di un atleta. In quel Mondiale feci qualcosa di inaspettato perché l'Italia non presentava un supermassimo da tempo, sembrava che non fosse più la nostra categoria e invece arriva questo Abbes da Mercato San Severino e mette in difficoltà il grande Torrez. Chi lo avrebbe mai detto?

Arrivò il 2017 e per la prima volta partecipai al Torneo Guanto d'oro nella categoria Elite, dove mi ritrovai nuovamente il più piccolo di tutti, il bambino terribile. Poco prima avevo vinto la medaglia di bronzo agli Europei under-22, ma quella volta dovevo combattere contro ragazzi di tutte le età, atleti di ottimo livello anche a livello internazionale.

Anche in questo caso però, quasi sotto traccia, iniziai il mio percorso e feci fuori un avversario alla volta. Come si dice dalle mie parti, «*zitt, zitt, sotto o mur'*» arrivai in finale, dove trovai l'avversario migliore, Dmytro Tonishev, pugile di origini ucraine, duro come la pietra e già campione italiano, oltre che membro inamovibile della Nazionale italiana.

Era un grande avversario, lo sapevo già prima di iniziare il torneo, però il giorno del match mi sentivo tranquillo. Io non lo so cosa mi prende, a volte più l'avversario è difficile, più mi tranquillizzo, la bravura altrui mi fa l'effetto contrario. Quando sentivo commenti intimidatori come «Eh, ma Abbes come fa, è più piccolo. È più leggero. È meno esperto. È meno potente», li ignoravo. So che non è facile e serve una quintalata di autostima, però lo si deve fare, altrimenti gli altri ti «accoppano», per usare un altro termine delle mie parti.

Quel torneo era in effetti inserito in un progetto a medio termine che mi riguardava. L'idea era di scendere di peso e categoria e andare a sfidare i massimi. Ovviamente bisognava non solo calare di peso ma anche aumentare in agilità e velocità, cercando però di non perdere in potenza. Allora con mio zio abbiamo pensato di testarmi ancora una volta nei supermassimi, dimostrare di essere il migliore vincendo quel torneo, e poi scendere nei massimi con l'idea di fare un upgrade per quel che riguarda gli obiettivi potenziali da raggiungere. Se adesso sono qui vuol dire che vinsi quel torneo e pure che avevamo ragione.

15
European Games

Sono di nuovo in uno spogliatoio, sono di nuovo con le cuffie nelle orecchie, sono di nuovo in attesa di essere bendato per salire sul ring.

L'agitazione che precede un incontro è sempre compagna fedele, bisogna essere lucidi, sereni, ma la tensione che ti fa salire sul quadrato non deve mai mancarti, altrimenti sono guai.

Questa volta però sono ancora più teso, perché posso agguantare il sogno che è stato mio e di mio padre, qualificarmi alle Olimpiadi, il grande traguardo.

Cosa sono i Giochi Olimpici lo spiegherò nel corso di questo libro. Sono prima di tutto l'orizzonte lontano che ha fatto deviare la mia carriera e anche la mia vita. Ero una promessa del karate ma scelgo il pugilato perché mio padre mi accende una scintilla e poi prendo completamente fuoco sapendo che il karate non è olimpico mentre la boxe sì, e da sempre.

Poi diventa letteralmente «il sogno». L'idea che un'intera Nazione ti guardi nella speranza che tu possa conquistare un oro e far risuonare il suo inno è qualcosa di inspiegabile. Non è nazionalismo brutto, io non potrei nemmeno coltivarlo perché sono tante cose insieme, ma è l'espressione del senso di una comunità, dei valori che quella comunità ti ha dato nei diversi anni di crescita e maturazione. Vincere una medaglia olimpica vuol dire fare grande la propria Patria non perché ne vuoi sottolineare la grandezza e la potenza nei confronti delle altre, ma perché mostri al mondo la sua capacità di allevarti e crescerti, facendoti ammirare e non creando invidie.

Infine i Giochi Olimpici sono la speranza di entrare nei libri di storia, o di Storia, chi lo sa. Tanti atleti hanno solo fatto il loro lavoro e sono ricordati ancora oggi perché hanno dato felicità e nuove prospettive ai propri concittadini.

Insomma sono qui, ancora una volta in uno spogliatoio e sto per affrontare la semifinale degli European Games, un torneo che per alcuni è quasi secondario ma per me in questo momento diventa l'obiettivo di una vita.

Siamo in Polonia, più precisamente a Nowy Targ, una città, a essere sinceri, anonima che però nella mia storia potrebbe diventare fondamentale.

In questi European Games l'Italia sta dimostrando di essere una forza sportiva come poche altre volte nella storia. Alla fine dell'evento prendiamo medaglie in quasi tutti gli sport, la squadra di atletica leggera vince la Coppa Europa e noi del pugilato non vogliamo essere da meno. Oltretutto ci sono i pass olimpici che ci aspettano e non vogliamo lasciarceli sfuggire. Più che sulla squadra, però, fin dall'inizio di questo torneo mi sono concentrato molto su me stesso, perché deve essere questa l'occasione per mettere subito Parigi in ghiaccio e non avere problemi di qualificazione l'anno prossimo. Se riesco a qualificarmi subito, mi dico, potrò costruire una preparazione lunga e molto attenta sull'obiettivo olimpico.

Quindi ci sarebbe da vincere al pronti-via, ma non è mai una cosa facile. Come primo avversario affronto l'ucraino Arkadii Kartsan. Sappiamo benissimo cosa stanno passando gli atleti ucraini, per colpa della guerra che continua a essere combattuta nel loro territorio. So che farà di tutto per poter andare avanti. Per questo motivo, con grandissima concentrazione preparo il match e mi rendo conto subito dei suoi punti deboli. Vinco senza grandi patemi per 5-0 e sono contento soprattutto per l'uso in grande velocità che ho fatto dei piedi. Oggi sono stati loro che mi hanno fatto vincere in scioltezza.

Ai quarti trovo il turco Berat Acar, che imparerò a conoscere bene. Anche in questo caso non ho grandi difficoltà in una vittoria per 5-0 che mi porta alla semifinale.

Affronto il polacco Mateusz Bereźnicki. È alto, agile e sembra quasi filiforme, non sarà una battaglia corpo a corpo, dovrò capire bene il tempo dei suoi colpi per poterlo anticipare. Sono carico, faccio un'entrata da spaccone ma non per deridere o intimorire il mio avversario (figurarsi se quello si intimorisce), ma perché sul ring voglio fare il ritmo, e il ritmo dev'essere innanzitutto nella tua testa e poi puoi irradiarlo attraverso le braccia e soprattutto i piedi.

Facciamo i soliti rituali pre-match e ancora una volta l'arbitro, prima di dare il via aggiusta le corde, mentre noi restiamo a ballare e guardarci prima del gong. Era già successo prima della finale mondiale contro Gadzhimagomedov. Per un attimo, ma davvero un istante, penso: «Oh no, qui succede di nuovo che vengo fatto fuori, questo è un segno». Ma l'attimo dopo mi rispondo: «Eh no, questa volta vinco, pure se la corda del ring si spezza, non me ne frega niente».

E con la consapevolezza di sfidare anche i déjà-vu parto subito all'attacco, non devo assolutamente fargli prendere la giusta distanza. Ha un allungo molto più ficcante del mio e devo stargli dentro la guardia per poterlo colpire in maniera netta.

Dopo quindici secondi l'ho colpito già tre volte, vedi che quando mi ci metto sono un fulmine? Presa subito la misura, il primo round scivola veloce come acqua fresca. La sua tattica è chiara: mi vuole tenere a distanza con il jab sinistro, per far partire il diretto destro appena mi fermo e sono a tiro. Ma io non mi fermo e non sono mai a tiro, anzi anticipo il tempo del suo destro entrando con il mio sinistro e lo prendo al volto almeno otto volte in tutto il round.

Già alla fine del primo round e poi per tutto il secondo inizio il mio ballo. Ancora non è brevettato, ma se vinco l'oro olimpico sono sicuro che diventerà l'Abbes-dance. Si fa così: braccia lungo il corpo, ma sempre pronte a difendere il volto o a scattare in avanti per colpire l'avversario, oscillazione del busto a destra e sinistra senza mai fermarsi e a un certo punto alzo le ginocchia, prima il destro e poi il sinistro.

Scherzo. In realtà davvero mi sono mosso in questo

modo per tutto il match, ma sono tutti movimenti essenziali per la mia boxe e hanno un senso pugilistico, non coreutico. Molti mi hanno criticato per questi movimenti, per la guardia bassa, per il mio show, ma io sto bene quando sono in questo mood, non posso farci niente.

Alla fine del primo round, il mio avversario si stravacca sullo sgabello bianco in faccia, io sono in piedi e rido in faccia al mio allenatore. Mi viene spontaneo ma lui mi richiama subito all'ordine, con l'espressione di chi mi sta dicendo: «Fai poco il cog...ne, ci sono le Olimpiadi in gioco».

Alla ripresa lui è più aggressivo, carica molto di più i colpi, ma così continua a fare il mio gioco. Poiché sono più rapido, lui prende d'incontro colpi molto più duri ed evidenti, che i giudici si appuntano sui loro cartellini. Non conosco nemmeno una parola di polacco, ma dall'intonazione delle parole che gli allenatori rivolgono al mio avversario, capisco che gli stanno dicendo una cosa del tipo: «Ma che c...o stai facendo?».

Inizia il terzo round e solo allora mi rendo conto che sono in Polonia e sto boxando con un pugile polacco. Non me n'ero accorto, immaginate come ero focalizzato sul mio obiettivo. Noto questa circostanza perché dal pubblico si alza di molto il volume di «*Polska, Polska*», ma non mi faccio influenzare, ormai ho il match nelle mani, basta non fare errori.

Ho la guardia più alta, voglio essere più aggressivo, per non avere nessun problema con i giudici. Parto subito con una combinazione destro al corpo e sinistro al volto. Poi lo prendo con tre ganci in pochi secondi che lo fanno addirittura barcollare e negli ultimi secondi essenzialmente schivo colpi con l'Abbes-dance.

Suona il gong e voglio le grida dei miei compagni di squadra che sono nel palazzetto. Faccio il capotifoso con la faccia cattiva.

In un attimo però mi ricompongo perché sta per arrivare il momento più importante, quel momento che aspetto da una vita.

«*In the blue corner...*» Bastano queste parole dello speaker per farmi venire con una velocità impressionante le lacrime agli occhi. Con un solo istinto e un solo movimento alzo il dito verso il cielo. Le Olimpiadi, papà, ce l'ho fatta.

Saluto il mio avversario e il suo angolo, molto corretti e sportivi, e mi avvicino alla telecamera e quasi sussurro: «Papà, andiamo a Parigi!».

È proprio così. Il traguardo che mio padre mi aveva posto davanti, il bellissimo orizzonte a cui mi ha fatto guardare, oggi è nelle mie mani, davanti ai miei occhi.

Piango, piango forte, senza freni. Mi inginocchio e prego, prego le sue preghiere, con le sue parole, con i suoi gesti. Il suo sogno, è diventato il mio sogno e sarà per sempre il nostro.

16
Finale e proposta

L'emozione per la qualificazione olimpica non ha eguali, ma il giorno dopo c'era una finale. Il momento di felicità e commozione l'ho lasciato sul ring, tornato negli spogliatoi ero concentrato perché una finale è sempre una finale. Il mio avversario è l'irlandese Jack Marley, oro nei massimi l'anno scorso agli Europei under-22. Sono cosciente che sarà un osso duro, e perciò ho voglia di testarmi e stavolta già in ottica di Parigi.

L'entrata per la finale: fumo, luci, la scenografia che si apre e mi si vede appena. Faccio un passo avanti, inizio già la mia danza, mi carico, salto con le ginocchia al petto, guantone contro guantone e si va. Mamma mia come sono carico.

Suona il gong del primo round. La boxe irlandese e britannica nel suo complesso è molto generosa, spettacolare, i pugili irlandesi attaccano subito, hanno il sangue caldissimo. Con i miei allenatori avevo preparato l'incontro alla luce di queste caratteristiche e Marley fa esattamente quello che cercavo, attaccare forte, così io posso schivare ed entrare subito di destro, mettendo colpi puliti.

Affrontare questi avversari mi piace perché non sono scorretti, non cercano di bloccare in continuazione il ritmo del match, la sfida contro di loro è sia sfida strategica che sfida fisica vera, hanno delle idee precise sul combattimento e non si risparmiano. Il primo round lo vinco in scioltezza, ho messo a segno almeno quattro colpi veramente duri.

Nel secondo round lui è ancora più aggressivo e d'incontro prende un sacco di colpi che farebbero frenare tutti, ma non un pugile irlandese. Durante i tre minuti della seconda ripresa lui attacca di continuo, è un'aggressione costante, ma quanti colpi metto!, li sento tutti pieni sulle mie mani, scuotono anche me per quanto sono precisi e forti.

Terzo round, lui è più stanco, me ne accorgo subito già dopo pochi secondi. Nonostante non attacchi più come prima i colpi riesco a metterli perché è meno mobile, è un bersaglio più facile da prendere. L'ultimo minuto lo passo a schivare colpi lenti che non fanno più male.

Suona il gong e sono felice, la prima cosa che faccio è sorridere. Poi abbraccio il mio avversario, è stato un bel match e per fare di un incontro di pugilato un bello spettacolo dobbiamo essere sempre in due a volerlo.

Saluto gli allenatori e al mio angolo mi accolgono con un grande abbraccio, una meraviglia condividere con gli altri una vittoria del genere. Attendo il risultato con grande agitazione, mi muovo in continuazione mentre l'arbitro cerca di farmi fermare. E poi lo speaker lo dice: «*In the blue corner...*». Che bello vincere!

Bacio al cielo, come sempre farò ogni volta che tocco un ring e di nuovo saluto calorosamente il mio avversario, alzandogli il braccio e chiedendo l'applauso del pubblico.

Salutati di nuovo i suoi allenatori, cambio espressione, come se cercassi qualcosa, se andate a vedere il match sul web ve ne accorgete. Cerco la telecamera, la voglio perché ho una cosa importante da dire. Mi blocco un attimo in posa per la foto della vittoria richiesta dai fotografi a bordo ring e poi lo faccio. Avvicino la faccia alla telecamera e dico: «Carlotta, mi vuoi sposare?». E mando un gran bel bacio alla telecamera.

17

No, non mi sono sposato

Sono un ragazzo impulsivo, i pugili almeno un po' lo devono essere perché dalla loro capacità di reagire, oltre che di agire, dipende la loro carriera e a volte la loro salute sul ring.

Agisco e soprattutto reagisco in maniera molto veloce, a volte affrettata, a volte improvvisa, quasi senza pensarci. Un esempio chiaro di quello che sto dicendo è proprio la proposta di matrimonio fatta al termine della finale degli European Games. Ero da un giorno soltanto nella meravigliosa centrifuga emozionale della qualificazione olimpica, ancora non mi ero ripreso del tutto, anzi stavo ancora viaggiando sulle ali della felicità piena. Allora ho pensato: «Quale altro traguardo è giusto raggiungere nella mia vita? Cosa potrà farmi felice come una qualificazione olimpica, ma questa volta non pensando all'Abbes atleta, ma all'Abbes uomo?». Ho pensato: «Il matrimonio». E ho fatto male.

In quel momento ci credevo davvero, ho fatto tutto secondo una mia ragione, ma ho inserito nella frase precedente due parole-spia molto importanti: «quel momento» e «mia».

In «quel momento» mi trovavo in una fase particolare della mia vita, ero immerso in dolori e gioie e volevo punti di riferimento, traguardi a cui tendere. Mi è bastato davvero poco, però, perché i momenti si trasformassero e quello a cui pensavo prima, successivamente non fosse più giusto. Poco tempo dopo quella dichiarazione ho capito che non era ancora il tempo giusto, era troppo presto rispetto alla vita da atleta che stavo conducendo.

Il matrimonio è un passo che comporta responsabilità enormi e all'improvviso ho capito come fossero non solo in parte incompatibili ma addirittura troppo distanti rispetto alle responsabilità che voglio assumermi nel mondo della boxe. Il futuro della mia professione mi avrebbe portato a prendere decisioni impattanti su un rapporto di coppia e crisi e caos non sono assolutamente situazioni che voglio vivere e far vivere a un'altra persona.

Ecco poi l'altro elemento a cui avevo dato poco peso durante quella dichiarazione. Se io voglio tendere a dei traguardi così sfidanti da dover dedicare ogni molecola del mio corpo e del mio cervello, perché devo arrogarmi il diritto di far assistere più che partecipare a tutto questo un'altra persona?

Le responsabilità di cui sopra devono per forza di cose coinvolgere un'altra persona e sono così grandi, le voglio così grandi, da poterla anche sconvolgere, destabilizzare e cambiare.

Non sono stato maturo, sono stato impulsivo ed

egoista, sono stato quasi incosciente, soprattutto nei confronti di un'altra persona, ma quando l'ho capito, mi sono fermato. A me è successo questo, magari è giusto che gli altri mi giudichino male, ma costruire un matrimonio sulla mia costante assenza da tutto non è quello che voglio io né ciò che voglio dare alla mia futura moglie.

Quando sarà, io vorrò esserci sempre, oggi non ci riesco.

18

Olimpiadi – alla scoperta del Villaggio olimpico

La prima cosa che ho fatto appena ho toccato la terra francese è stata quella di arrivare il prima possibile al Villaggio olimpico. Entrare lì dentro era un'esperienza che in troppi mi avevano raccontato e volevo davvero vedere con i miei occhi se fosse tutto vero.

Beh, devo dirvi che è proprio così come lo raccontano gli atleti che lo vivono nella sua pienezza, tutto è grande ma tutto è insieme, un'idea di vita molto diversa da quella che noi immaginiamo e pratichiamo quotidianamente. Viviamo in città, quartieri o paesi più o meno grandi con i nostri legami e i nostri rapporti molto spesso fissi: parenti, amici, allenatori, conoscenti. Nel villaggio tutto si scompone perché in una frazione di secondo sei amico di un atleta nigeriano e il secondo dopo vedi un tuo amico che parla con una ragazza olandese. È tutto immenso perché c'è il mondo, ma il fatto che ogni cosa viene vissuta a stretto contatto con tutti, fa diventare questo micromondo molto piccolo.

La parola che mi viene per raccontarlo bene è rarità. È raro vivere una sensazione del genere perché anche durante i tornei o i collegiali che facciamo in giro per il mondo non condividiamo le nostre esperienze e i momenti di vita con gli altri atleti. Siamo per conto nostro o al massimo con i nostri compagni di squadra. Qui invece ci si immerge in una grande minestra di sapori diversi che mi rende davvero felice. Poi sono anche rare le emozioni che questo immergersi ti dà. In uno spazio piccolo c'è lo sport, quello a cui ho sempre sognato di appartenere, una comunità di girovaghi e ragionieri, di sognatori e ingegneri, perché lo sport abbina creatività e calcolo.

Siamo qui, siamo tanti e la cosa che rende tutto questo ancora più bello è che siamo tutti insieme per lo stesso sogno, un filo rosso ci lega e ce ne accorgiamo anche solo con uno sguardo. Non c'è cosa più bella che condividere un sogno. Magari due ragazzi che in questo momento si stanno parlando si toglieranno il sogno a vicenda, perché entrambi gareggeranno nel fioretto maschile o due ragazze che si sorridono lotteranno fino all'ultima goccia di sudore per vincere una gara di vela in cui sono avversarie, ma qui dentro si dividono i pensieri ed è stupendo.

Poi l'atmosfera, che ve lo dico a fare. Allora, gli americani sono dei casinisti veri, con la musica a palla, ma c'è da dire che la loro musica è quella che fa ballare da decenni le persone e quindi gli è consentito. A ruota le ragazze e i ragazzi del Sudamerica che non perdono occasione per ballare tutto quello che passa il convento, senza soluzione di continuità. I giapponesi ridono tantissimo e scattano foto, come a volersi portare con sé ogni attimo.

La baldoria è tanta, ma si capisce fin da subito che si raggiunge presto il limite di quello che è consentito per restare sul pezzo. Nessuno dimentica che si è qui per partecipare e, se ci si riesce, vincere e dopo anni di attesa questo è il momento di non sbagliare niente. Si balla e canta ma in fondo si è già in gara.

Anche io partecipo a tutto ma con la testa sulle spalle. Mi godrò l'atmosfera e il mondo che mi circonda, ma il cuore è già alla cerimonia di apertura e la testa all'esordio. Sono qui per un motivo.

19

A Budva con il naso rotto

Non mi alleno soltanto in questo periodo dell'anno. Dall'8 al 14 ottobre la Federazione europea ha organizzato per la prima volta l'EUBC Cup, un torneo molto interessante dove potrò testarmi e capire anche il livello raggiunto dai miei avversari europei. Inoltre quando c'è da vincere, per di più per la prima volta, non riesco a tirarmi indietro.

Nel primo incontro sfido il turco Berat Acar, un avversario che mi ricorda dei bei momenti. L'ho affrontato e battuto senza grandi problemi ai quarti di finale degli European Games. Vinco anche questo match 5-0. Mi è servito soprattutto per provare alcune cose nella terza ripresa, come l'uscita sulla gamba dietro, cercando anche di lavorare meglio sulla breve distanza. Non ho rischiato nulla e questo aiuta sempre.

Il secondo avversario è molto interessante in questa fase di preparazione: lo spagnolo Enmanuel Reyes. Tra di noi ormai è una sorta di classico. L'ho già affrontato e battuto in semifinale ai Mondiali del 2021. Pochi mesi prima Reyes aveva disputato un'ottima Olimpiade di Tokyo, venendo sconfitto solo dal grande cubano Julio César la Cruz (abbiamo già parlato di lui in questo libro).

Contro lo spagnolo ho vinto anche la finale degli Europei di Yerevan nel 2022. E anche stavolta non va diversamente: lo batto per 5-0. A fine match sono esaltato, non pensavo di essere così in palla già in questo periodo dell'anno. Sono nel pieno del carico di lavoro ed essere così bravo nello schivare i colpi mi dà davvero grande fiducia.

In semifinale altra bella sfida contro il russo Ramazan Khanapiev. L'osso è duro, come tutti i lottatori che vengono dal Daghestan. Il primo round è stato brutale. Khanapiev mi prende a testate dal primo secondo. Per fortuna riesco non solo a colpire ma anche a tenere meglio la distanza, per non farmi male. A fine match sono contento per la vittoria, 4-1, ma mi fa male il naso e ho dei brutti giramenti di testa. Con lo staff ci prendiamo qualche ora per capire cosa fare.

Passa la notte, il naso è ancora gonfio. Facciamo dei controlli da cui emerge una frattura. Le testate del russo hanno fatto danni, purtroppo. Dovrei affrontare l'armeno Narek Manasyan, uno con cui di sicuro dovrò vedermela a Parigi. Sarebbe un incontro importante per capire i suoi punti di forza e di debolezza, ma mettere a rischio tutto con un naso rotto non ha alcun senso. Un po' ci resto male, ma comunque sono secondo, argento alla prima edizione dell'EUBC Cup.

20
Le città della mia vita

Ma quanto è triste ragionare per Paesi, riferirsi a qualcuno indicandone la provenienza da questo o quell'altro posto? Si riduce la traiettoria di una vita a una linea che gira su sé stessa, come in un vortice che ti trascina solo verso il basso, senza farti mai muovere da dove ti trovi.

Quando qualcuno mi chiede: «Ma tu di dove sei?», io rispondo parlando delle città che mi hanno segnato di più, dei luoghi piccoli e grandi che mi hanno accompagnato nella mia vita.

La prima è Mercato San Severino, la cittadina in provincia di Salerno dove sono cresciuto. San Severino o Sanzuvrin, come diciamo noi del posto, come ho già detto, è il classico luogo del Sud dove sembra non esserci niente e alla fine c'è tutto, almeno per un bambino. Per me Mercato San Severino vuol dire infanzia, adolescenza, la giovinezza più bella e sfrenata, quella che ti fa innamorare della vita. Lì c'erano e ci sono ancora i miei amici, c'era e c'è la mia palestra, dove ho conosciuto la boxe, lì c'erano e ci sono ancora alcuni miei affetti. Il posto dove cresci è il luogo dell'anima, c'è poco da fare, e ti sembra New York anche quando poi ci vai e capisci la differenza.

Poi dico di essere di Casablanca, la città dalla quale partì mio padre per il suo sogno e per creare la sua famiglia. Sento con una forza difficile da spiegare che lì c'è una parte delle mie origini, una parte di me, di quello che sono.

La prima volta ci andai a sei anni e ci rimasi tre mesi. Ricordo giorni meravigliosi, inebriati dall'odore dell'Oceano. Catturato da un luogo molto diverso da quello in cui vivevo, mi sono sentito subito a casa in Marocco, parte di una comunità. Prima di tutto quella familiare di mio padre, enorme soprattutto per gli standard attuali, e poi quella del Paese nella sua interezza, perché in ogni posto in cui andavo tutti si sono sempre dimostrati molto gentili con me. Ho conosciuto i miei zii, tutti i miei cugini e poi i miei nonni, con la loro faccia che veniva dal passato, piena di dolcezza e amore.

Casablanca è la mia seconda casa perché ci sono tutto l'amore di una parte della mia famiglia e i ricordi di mio padre. Come racconterò più avanti, ci sono tornato nel 2021, da atleta affermato benché deluso per la mancata qualificazione olimpica, ed è stato ancora più bello. Per fortuna parlo anche darija, una lingua diffusa in Marocco, e posso narrare tutte le mie avventure.

Poi sono anche di Assisi, la città che mi ha visto crescere come sportivo e che ho visitato per la prima volta a tredici anni. Non potrò mai dimenticarlo. Piccolo e soprattutto spaesato, arrivai in questa cittadina da fiaba dove mi accolsero gli allenatori della Nazionale, tutti in tuta, tutti seri e concentrati sul loro lavoro. Lì capii che dovevo seguire tutto quello che mi dicevano perché loro avrebbero indirizzato il mio futuro.

Poi ad Assisi negli anni ho conosciuto anche le mie compagne e i miei compagni di Nazionale con i quali ho stretto un legame che va oltre l'amicizia, è una sorta di fratellanza che ci spinge a desiderare la vittoria e la gloria per l'altro.

Negli ultimi tempi poi, mi sento anche molto siciliano, una terra che mi ha accolto con un calore che non mi aspettavo. In particolare sono spesso a Catania, la città dove con Salvatore Cavallaro, altro pugile che a Parigi vuole fare grandi cose, ci alleniamo senza sosta.

Con Salvatore ci conosciamo da un po' e destino ha voluto che prendessimo insieme il pass olimpico agli European Games dello scorso anno. In poco tempo abbiamo fatto accordare i nostri due allenatori che sono, altra coincidenza, anche i nostri due zii, e con l'appoggio della Federazione abbiamo deciso di allenarci insieme in Sicilia con tutte le risorse e il sostegno di cui abbiamo bisogno.

Con i siciliani è davvero facile andare d'accordo. Dopo pochissimi secondi sei già parte della loro famiglia, ti considerano subito uno di loro. Quando andiamo in giro con Salvatore ci fermano tantissimi appassionati, i quali ci chiedono una foto o ci fanno i complimenti. Queste piccole cose danno una botta di energia davvero fondamentale per il nostro lavoro.

Infine non posso non dirmi anche mezzo cittadino di Roma, città in cui ho passato lunghi periodi grazie sia al karate sia alla boxe, in particolare nel 2019. La Città Eterna mi ha reso il pugile che sono, facendomi vivere esperienze determinanti e mi ha rapito con la sua bellezza senza fine.

Poi, a ben pensarci, sono anche di tutte le città in cui ho vinto e ho perso, perché in ogni torneo o incontro all'estero o in Italia, un pezzettino di me l'ho sempre lasciato, anche se quelle città in fondo non le ho mai visitate, dovendo sempre e continuamente fare la spola tra albergo, palestra e palazzetto. Infine non ne cito una in particolare, e il motivo è facile da capire: vorrei che la prossima città che farà parte della mia storia sia Parigi.

21
La prima volta (sul ring)

Allenarsi e impegnarsi così tanto per un obiettivo mi fa venire in mente la prima volta che sono salito su un ring: ero un bambino, non potrò mai dimenticarlo. La prima volta sul ring è come il primo bacio, come la prima volta che prendi un 10 in matematica (o almeno credo, non l'ho mai preso!), come la prima volta che tua madre ti guarda con gli occhi di chi ti considera ormai adulto. Ricordo perfettamente che è stata un'esplosione di emozioni intense.

Prima della boxe avevo praticato karate e kickboxing, combattendo in alcuni incontri, ma il primo incontro di pugilato mi creava un'ansia tremenda, difficile da gestire.

Sono onesto, è una cosa che non ho mai detto, ma prima di salire sul ring tremavo tutto in maniera incontrollata. Cercavo di calmarmi dicendomi: «Abbes, ma che fai? Fermati che se ti vedono non ti fanno nemmeno combattere», ma era tutto inutile. Non mi è mai più successa una cosa del genere. C'erano ansia, aspettative, l'idea che quello poteva essere il mio mondo, il desiderio di non far preoccupare e di far felici le persone a me vicine, insomma in quel mio tremore c'erano davvero troppe cose da gestire per una sola persona.

E infatti l'unica cosa che puoi fare in quei momenti è affidarti, lasciarti completamente andare alle parole, agli sguardi e ai gesti delle persone che ti vogliono bene. C'erano i miei allenatori, che poi hanno fatto con me l'intero cammino, e c'era mio padre.

Fu proprio lui a dirmi: «Stai tranquillo. È come un allenamento in palestra», aggiungendo una piccola cosa che mi caricò di energia e mi tolse tutti i timori. Disse: «Come va, va».

Quel «Come va, va» non era un segno di sfiducia nei miei confronti o della velata preoccupazione di un genitore che sta per vedere suo figlio combattere, ma è invece l'attestazione di una fiducia totale, dentro c'era l'idea che avrei fatto bene perché mi ero preparato. Dopo tutto quello che avevo fatto in palestra e nella mia vita, doveva solo andare, come disse mio padre.

Dopo quelle parole salii sul ring, emozionato e rigido come mai più mi è capitato, però molto più tranquillo.

Vinsi il match, il che mi rese la persona più felice del mondo. Mi avvicinai al mio allenatore e dissi: «Ma ora quando combatto di nuovo?». Prima dell'incontro ero una corda tesa, poco dopo ero in estasi. La magia del ring mi aveva completamente conquistato e non vedevo l'ora di salirci di nuovo perché quella ormai era casa mia.

22
Come mi sono trovato su quel ring

Sì, ma come ho fatto a ritrovarmi sopra un ring, con i guantoni alle mani, un avversario che voleva prendermi a pugni, e tanta voglia di vincere?

Era una notte buia e tempestosa... potrebbe iniziare così, forse è un po' esagerato, ma tutto nacque davvero in un clima da tregenda.

Era una fredda e piovosa sera del 2006, avevo otto anni e insieme alla mia famiglia avevamo finito di cenare. Mia madre faceva le ultime cose in casa, mio padre era stanco e decise di non fermarsi sul divano a guardare la televisione, ma di andare direttamente a letto. Ci andai anche io, il giorno dopo avevo scuola.

Mio padre accese la televisione della sua stanza e sentii il jingle che precedeva l'inizio di un film su Rete 4. Avrei tanto voluto vedere quel film, ma non potevo addormentarmi troppo tardi. Appoggiai la testa sul cuscino, chiusi gli occhi e mi avviai verso il sonno.

«Abbes, vieni qua!» mi chiamò mio padre. All'inizio alzai solo la testa dal cuscino, senza capire bene perché mi avesse chiamato.

«Vieni qua, ti faccio vedere il film di una grande leggenda.»

Scattai subito in piedi, andai nella stanza di mio padre e mi tuffai sul letto. Voltai lo sguardo verso il televisore e vidi i titoli di testa di *Alì*, interpretato da Will Smith.

Dopo poche scene ero già innamorato perso, fu un vero colpo di fulmine.

Non tanto per la boxe, ma proprio per Muhammad Alì e il suo essere leggenda. Nei giorni successivi ripensai spesso a quello che avevo visto, ne parlai con i miei amici e con mio padre, e volevo saperne sempre di più su quello sportivo straordinario e la sua vita. Iniziai a guardare i suoi incontri di boxe su internet, volevo capire come si muoveva, come si comportava, che magie riusciva a compiere con le mani e i suoi incredibili piedi. Ciò che mi rimase impresso fu la danza, il suo essere così espressivo e a volte anche esibizionista mentre tirava pugni; era davvero incredibile. Per un bambino di otto anni poi, fu una vera illuminazione.

Nella palestra in cui andavo si praticava anche la boxe, ma io non l'avevo mai provata, perché come ho raccontato, facevo karate e kickboxing. Un giorno però, con la testa piena delle immagini viste in quei giorni, andai dall'allenatore di boxe e gli dissi: «Io voglio fare pugilato, perché voglio diventare come Alì».

Lui mi guardò, mi sorrise e toccandomi la spalla disse solo: «Vieni domani che iniziamo».

All'inizio non ho lasciato le altre due discipline. Mi preparavo per tutte e poi nelle settimane che precedevano un torneo di una disciplina specifica, mi focalizzavo su quella in particolare. Con questo triplo impegno arrivai ai dodici anni, allorché partecipai al primo Campionato italiano schoolboy di boxe, nei 68 kg. Avevo alle spalle solo quattro incontri, tra cui il primo che ho già raccontato, ma allo stesso tempo anche tantissima esperienza di incontri sia nel karate che nella kickboxing e questo mi aiutò parecchio. Vinsi quel torneo contro un avversario che è diventato un grande amico, Gerlando Tumminello, ma la boxe non mi catturò completamente fino ai diciassette anni.

Continuai ad allenarmi e a competere nelle tre discipline fino a quando, proprio a diciassette anni, mi ritrovai in Nazionale in tutti e tre gli sport, un traguardo incredibile ma folle dal punto di vista dell'impegno necessario per raggiungere e mantenere quegli standard.

Ricordo che dopo l'ennesimo torneo, mi chiusi nella mia stanza, mi stesi sul letto e pensai: «Abbes, che cosa vuoi fare davvero?».

Mi piaceva tutto quello che facevo, ma era troppo e disperdevo energie. Dovevo scegliere. Da quel letto mi ero alzato, chiamato da mio papà, per innamorarmi di Alì e della boxe. E da lì mi alzai di nuovo, aprii la porta e andai in palestra. Avevo deciso. Quel bambino voleva e vuole ancora diventare come Muhammad Alì.

23
Perché parlo sempre di Alì

Come ho raccontato, il mio amore per la boxe nasce dall'innamoramento per Muhammad Alì, e il sensale è stato mio padre. Ancora oggi non passa giorno senza che parli almeno una volta di Alì, e se qualcuno mi ha ascoltato in qualche intervista o ha letto qualcosa su di me, se ne sarà di sicuro accorto. Come pugile e come uomo, per me Alì è il mito più grande. Bella forza, mi direte, Alì è il più grande, se lo diceva da solo ma lo hanno riconosciuto tutti, facile avere un mito così.

Forse è facile infatuarsi sportivamente del più grande atleta che la Terra abbia prodotto, ma per amare davvero Alì bisogna andare anche oltre il ring, e comprendere la sua figura gigantesca, pari, se non superiore, a quella pugilistica.

Ma restiamo per un attimo sul quadrato per spiegare perché Alì sia la mia ispirazione. Prima di tutto, appena vedi i suoi movimenti non puoi fare altro che innamorartene. I movimenti dei piedi e delle anche di Alì sono qualcosa di mai visto prima, e che in seguito nessun altro pugile è mai riuscito a replicare, benché molti nel tentativo abbiano finito per scimmiottarlo. Era un fulmine e soprattutto aveva una sorta di scissione cinetica degli arti. Di regola quando si carica, ad esempio, un gancio destro, i piedi si dispongono in una certa posizione e le braccia partono con un determinato angolo. Alì riusciva a far partire dei potentissimi ganci destri mentre muoveva i piedi a un ritmo frenetico, con quel suo shake così rivoluzionario che veniva dalla musica nera e dal rock. Nel mio piccolo ogni tanto provo l'Alì-shake, non sarò mai al suo livello per velocità, ritmo e coordinazione, ma ci provo, anche perché mi serve per restare concentrato e coordinarmi per le combinazioni.

Poi Alì aveva per braccia due saette attaccate ai guantoni. Il suo pugno lo sentivi quando già ne stava arrivando un altro ed era difficile fermarli. Anche io punto moltissimo sulla velocità dei colpi. Quei 180 secondi della ripresa devono essere fatti a velocità supersonica, le braccia devono scattare come delle molle, senza fermarsi mai.

E poi ovviamente non si può parlare di Alì sul ring senza parlare della sua imponente personalità. Quello spettacolo era completamente suo e, fin dai primi incontri da professionista, l'avversario era una sorta di corollario alla sua performance. A volte quegli avversari si chiamavano Sonny Liston, Floyd Patterson, Joe Frazier, eppure sembravano solo degli invitati alla festa del genio di Louisville.

Fin qui vi ho parlato solo del ring, del pugile che ammiro nei video che cerco a volte forsennatamente su YouTube. Ma a ispirarmi c'è anche un altro Alì ed è quello fuori dal palazzetto, quello che ha agito nella società americana e mondiale, l'Alì che ha affermato la necessità di riconoscere diritti quasi sconosciuti in alcuni luoghi degli Stati Uniti. Questo Alì lo si comprende attraverso le sue parole più famose, che spesso vado a riascoltare o a rileggere per sentirmi bene.

Una delle frasi che mi ha da sempre colpito e guida il mio approccio alla boxe è quella sulla possibilità di raggiungere qualsiasi traguardo: «Impossibile è solo una parola pronunciata da piccoli uomini che trovano più facile vivere nel mondo che gli è stato dato, piuttosto che cercare di cambiarlo. Impossibile non è un dato di fatto, è un'opinione. Impossibile non è una regola, è una sfida. Impossibile non è uguale per tutti. Impossibile non è per sempre. Niente è impossibile». Non punto a cambiare il mondo come ha fatto Alì, ma a cambiare la mia esistenza e con essa magari ispirare quella di altre ragazze e ragazzi che hanno visto il mio sogno diventare realtà. L'impossibile non dev'essere un orizzonte estremo, bensì un obiettivo raggiungibile per arrivare al quale la parola «impossibile» va bandita.

In un'altra sua frase sulla boxe dice: «È solamente il mio lavoro. L'erba cresce, gli uccelli volano, le onde bagnano la sabbia. E io vinco gli incontri». A questa naturalezza della vittoria vorrei arrivare anche io, vediamo se mi riesce.

Beh, poi per tutti noi che siamo tante cose insieme e formiamo la nuova Italia, è facile ritrovarsi nelle parole di Alì sulla nuova America. «Io sono l'America» disse Alì senza paura in un Paese dal clima sociale incandescente. «Sono la parte che non volete riconoscere. Ma vi dovrete abituare a me: un nero molto sicuro di sé, aggressivo. Con il mio nome, non quello che mi avete dato voi, la mia religione e non la vostra, i miei obiettivi.» L'Italia di oggi non è l'America degli anni Sessanta ma l'importanza di essere riconosciuti tutti come unici e italiani deve essere sempre ribadita. Anche io ho un nome che per qualcuno suona strano vicino alla parola italiano, eppure lo sono perché essere tante cose insieme questo vuol dire.

Se si parla di religione, io che prima dei match prego in arabo e in italiano non posso che essere d'accordo con queste sue parole: «Tutte le religioni hanno nomi diversi, ma tutte contengono le stesse verità».

Quando perdo sono intrattabile, ho momenti di cupezza davvero ingestibili. Spesso frasi come queste: «Dentro un ring o fuori, non c'è niente di male a cadere. È sbagliato rimanere a terra» sanno parlare al mio cuore e tirarmi su di morale.

Parole che mi aiutano a ripartire, ma sono frasi come questa: «Chi non ha il coraggio di prendersi dei rischi non raggiungerà mai nessun obiettivo nella vita» a guidarmi. Inizio a non sprecare più nemmeno un attimo del tempo che mi è stato dato e mi dedico completamente alla boxe, perché un altro insegnamento è che «Non bisogna contare i giorni, ma fare in modo che i giorni contino», senza mai lasciare indietro qualcosa che poteva servire.

Un uomo che ha detto queste cose e le ha messe in pratica lettera per lettera è una sorta di supereroe, almeno così lo vedevo all'inizio, quando l'ho scoperto e ho iniziato a fare boxe. Poi però sono incappato in frasi come questa: «Ho odiato ogni minuto di allenamento, ma mi sono detto: “Non smettere. Soffri ora e vivi il resto della tua vita come un campione”» e ho capito che era come me quando non ce la faccio più a stare in palestra ad allenarmi. Anche lui a un certo punto ha iniziato a odiare le mura in cui noi pugili siamo rinchiusi per tutta la nostra giovinezza. Eppure trovava dentro di sé la volontà di non smettere e inseguire il sogno di diventare o continuare a essere un campione. Da queste parole capisci che la forza la devi trovare dentro di te e, una volta raggiunta questa consapevolezza, tutto sarà più facile. Ti rendi conto di quanta ragione avesse Alì quando diceva: «I campioni non si costruiscono in palestra. Si costruiscono dall'interno, partendo da qualcosa che hanno nel profondo: un desiderio, un sogno, una visione. Devono avere resistenza fino all'ultimo minuto, devono essere un po' più veloci, devono avere l'abilità e la volontà. Ma la volontà deve essere più forte dell'abilità».

Infine due frasi sono sempre nella mia testa e mi accompagnano nei momenti splendenti e in quelli bui. La prima è il grande classico: «Vola leggero come una farfalla, ma pungi come un'ape». Ancora oggi se vuoi essere un grande pugile devi seguire questo comandamento. Mentre l'altra è: «Quello a cui stai pensando è ciò che stai diventando». Mi si addice soprattutto adesso che penso alle Olimpiadi e a quello che potrà accadere. Spero davvero di diventare quello a cui penso in questo momento, sarebbe magico.

24
In Sicilia

Per colpa del naso rotto a Budva sono costretto a sospendere gli incontri. Non mi era mai successo di restare fermo e disertare le competizioni nel periodo fra novembre e dicembre. Di regola siamo sempre in giro per l'Italia o il mondo: sfidare gli altri pugili fa sempre bene, impari un sacco anche dall'avversario più debole. Considerati anche tutti gli stage e gli allenamenti a cui ho preso parte, mi rendo conto che in questi anni non ho mai sospeso l'attività.

Devo dire, però, che fermarsi è proprio una bella sensazione. Ad esempio, quando finisci una corsa di cinque chilometri sai di aver fatto il tuo dovere, il che ti fa star bene e puoi rilassare il corpo e la mente. Quando dai tanto e poi ti fermi, rispetti te stesso e anche tutti quelli che ti sono intorno, perché loro aspettano questo momento per godersi la tua presenza.

Cosa faccio in questo mese? Cerco di godermi la famiglia, qualcosa di davvero inusuale per noi atleti, dato che i nostri affetti più cari sono spesso fisicamente lontani. Noi siamo costretti a stare da soli o insieme ad altri dell'ambiente – compagni, avversari, allenatori – e lontani da tutte le persone con cui siamo cresciuti, per di più sapendo che loro spesso modificano la loro vita per noi, per farci stare bene e non darci preoccupazioni. Questo essere lontani eppure vicini è sfiancante, e sono belle davvero quelle rare occasioni in cui possiamo esserci anche con il corpo, vivere la quotidianità della nostra famiglia. Per qualche giorno non hanno bisogno di pensare a te lontano, perché tu sei lì e non scappi con il borsone sulle spalle. Almeno per una volta.

Certo, dura poco, perché ai primi di dicembre vado in Sicilia per allenarmi con l'altro pugile qualificato alle Olimpiadi, Salvatore Cavallaro. So già che sarà dura. Proprio perché non c'è nessun appuntamento imminente, so che gli allenatori caricheranno tanto e ci sarà da sudare e soffrire. Già li sento i dolori muscolari, i giramenti di testa, la difficoltà ad alzarsi dal letto la mattina, e forse è meglio così perché quando arriveranno – perché so che arriveranno – mi sentirò già pronto.

Tutta questa fatica è davvero improba, eppure la benedico ogni giorno. Se non sentissi quei dolori durante la fase di preparazione sarebbe un guaio, perché anche grazie a essi farò la prestazione, e un atleta non deve mai dimenticarlo.

25
Mio padre

Quello che sono diventato, quello che sono adesso, come ho spiegato prima, lo devo soprattutto a mio padre, la persona che mi aveva chiamato quella sera per vedere il film su Muhammad Alì che mi ha cambiato la vita.

Mio padre si chiamava Abdellah e ogni giorno si svegliava con l'odore dell'Oceano che gli entrava nelle narici. La sua città era Casablanca, un posto meraviglioso dove ha vissuto tutte le prime esperienze di vita. È venuto in Italia a soli diciotto anni, allontanandosi per la prima volta dalla famiglia, dalla sua terra e da tutto per inseguire il suo sogno. Appena arrivato sembrava fisicamente un bambino – era molto più piccolo di me –, anche se è stato sempre in gran forma perché era in continuo movimento e raramente l'ho visto restare senza lavorare.

Per lui l'Italia era una possibilità da sfruttare. Il cielo gli aveva dato questa chance e adesso toccava a lui. Questo voleva dire non fermarsi mai, lavorare anche quando poteva riposare, ad esempio sbrigando le piccole faccende di casa. Quella possibilità che il destino gli aveva dato, sapeva di doverla cogliere con un'abnegazione e una determinazione assolute. Io quella dedizione l'ho vista, assaporata, ammirata fin da bambino e adesso la porto nella mia attività, nell'occasione che il destino ha dato a me, ovvero quella di diventare un pugile. Mio padre ha studiato a Perugia, è diventato ingegnere e per me vedeva un futuro nella sua impresa edile.

Quando però ha capito che potevo diventare un buon pugile, ha compreso anche che era quella la mia occasione e mi ha incitato e sostenuto fin dall'inizio, insieme a mia madre, altro pilastro fondamentale della mia esistenza e della mia carriera. Loro due sono diventati i miei primi tifosi, mostrandomi non solo il traguardo più vicino, ovvero vincere una determinata gara o allenarmi seriamente giorno dopo giorno, ma anche l'orizzonte più lontano, cioè quello per cui sto lottando oggi e per cui lotterò domani.

Mio padre vedeva il mio stesso sogno e lo abbiamo capito entrambi. Comunicavamo con gli sguardi, senza parole. Credo che non mi abbia mai fatto un complimento diretto, forse non mi ha mai detto «bravo» anche se ho cominciato a vincere fin da piccolo. Dopo una vittoria, mi avvicinavo e gli chiedevo: «Allora papà, sei contento?». Lui mi rispondeva con una frase che al tempo mi faceva male: «Lo fai per te stesso».

Era una frase che da ragazzo non capivo, perché volevo l'approvazione di mio padre e pensavo di poter essere felice solo se lo era anche lui. Poi ho capito due cose. Prima di tutto quella frase era un modo per non caricarmi di ulteriore pressione. Con quelle poche parole era come se mi dicesse di seguire il mio sogno con leggerezza, senza il peso di dovergli dimostrare di essere il più bravo e di renderlo felice con la boxe. Il sogno era mio e io dovevo volare per afferrarlo.

Poi però c'erano gli occhi. Mentre pronunciava quella frase, i suoi occhi sprizzavano scintille di soddisfazione e orgoglio, e mi comunicavano ciò che le parole non dicevano. E io, grazie a quegli occhi, ho continuato, impegnandomi sempre di più, verso il sogno che oggi sto vivendo.

Questo suo modo di essere nei miei confronti riguardava anche gli altri aspetti della mia vita. Sono stato un bambino casinista e lui un padre che intendeva educarmi, con tutto quello che ne consegue. Ma non mi ha mai urlato contro né picchiato. Quando ne combinavo una delle mie, di sera, a tavola, nel silenzio assordante dell'attesa, mi diceva poche parole su chi dovevo diventare e non sul guaio che avevo combinato. Mi metteva di fronte al mio futuro possibile, facendomi capire che dipendeva da me essere migliore. All'inizio era un bel carico da sopportare, poi però diventò una sorta di sfida con me stesso che mi faceva stare bene.

Purtroppo oggi mio padre non c'è più, portato via da un tumore mentre io inseguivo il mio sogno. Lui non è più al mio fianco, tuttavia le sue parole alla fine dei match le ricordo bene, e oggi me le ripeto prima di salire sul ring comprendendone appieno il senso. Però adesso, proprio perché lui non c'è più, oltre a ripetermi che tutto ciò che sto facendo dipende dalla mia volontà, mi dico anche: «Sì, lo faccio per me, ma ancora una volta lo faccio per te, perché anche se non ci sei fisicamente, sei qui e ti sento».

Non è facile però. E so che tanti soffrono come me per la mancanza di una persona cara. In alcuni momenti dell'anno, quando non posso permettermi di essere triste, mi autoconvinco che lui non sia morto ma sia semplicemente lontano per lavoro, e che la sua assenza sia soltanto temporanea.

Purtroppo questi momenti durano poco e, tornato alla realtà, mi restano il vuoto e il ricordo. Il vuoto è lì, a volte mi rende triste, a volte cerco di riempirlo con le sue parole e le immagini che mi sono rimaste in mente. Il ricordo è vivissimo, in particolare l'insegnamento di sfruttare l'occasione che il destino mi ha dato. E io ogni giorno mi prodigo con dedizione, come faceva lui, perché quell'occasione non devo perderla.

Una volta, quando avevo sedici anni, andai a lavorare con lui. Fu una giornata interminabile, tornai stanchissimo e mi buttai a letto senza cenare. Ero uno straccio. Mi resi conto sul campo di quali sacrifici facesse quotidianamente.

Il giorno dopo, mi guardò sorridendo e disse: «Allora, che cosa vuoi fare nella vita? Vuoi lavorare e stancarti come faccio io, oppure inseguire il tuo sogno e diventare un pugile, magari un pugile che vince le Olimpiadi lo aveva già immaginato?». Grazie a ciò che mio padre mi ha fatto capire, la risposta è in quello che faccio tutti i giorni.

26
Mia madre

E poi c'è mia madre, l'altra metà del mio cuore, perfettamente diviso a metà. Se mio padre è una grande casa che ha sempre accolto i miei timori, le mie gioie e le mie emozioni, mia mamma è una roccia su cui tutto poggia, il basamento su cui insieme hanno costruito la nostra famiglia.

Mia madre è la tipica donna campana, se vogliamo dare un'etichetta che magari oggi non ha più tanto valore ma che in qualche modo riesce ancora a descrivere persone come lei.

Per lei tutto era visto nell'ottica della costruzione della famiglia, non sminuendo però la sua femminilità, bensì esaltandola nella capacità di gestire la vita di tutti noi. Concordo con quanti sostengono che non si deve giudicare una donna dal fatto che sia stata capace di costruire e organizzare una famiglia con dei figli, perché ogni donna ha i propri obiettivi, ognuno dei quali ha pari dignità. Mia madre ha scelto di essere il grande sole della nostra famiglia, capace di illuminarci e dare calore ogni giorno, anzi ogni attimo.

Lei c'è sempre stata, soprattutto nel momento più brutto della nostra vita, la morte di mio padre. Non ha mai riversato una goccia del suo immenso dolore su di me e prima ancora non mi ha fatto mai pesare la malattia di papà. Entrambi volevano che inseguissi il mio sogno cercando di concentrarmi solo su di esso, perché avevano capito quanta abnegazione ci vuole per raggiungerlo. Mia madre ha modellato la sua vita intorno al mio sogno. Se questo non è uno dei più grandi gesti d'amore, ditemi voi cos'è.

Lo avevo capito prima, durante la malattia di mio padre e ne sono consapevole soprattutto adesso. Ed è per questo che, restando sempre concentrato sul mio sport, spero che anche il suo valore sia riconosciuto. Per me già è gigantesca, ma attraverso le mie vittorie voglio che si sappia cos'ha fatto per me e ciò sarà più facile se otterrò grandi risultati. Questa è l'equazione per cui mi sto impegnando con tutto me stesso.

Dalle mie parti si dice che una donna come mia madre «tiene una bella stazza», cioè una capacità unica di scuoterti e farti fare quello che vuole lei. Non ho mai avuto paura di un avversario incontrato sul ring, ma quando mia madre si arrabbia un po' di paura me la fa (questo è anche un consiglio per chi la incontra, non fatela mai arrabbiare).

Una donna del genere è stata ovviamente sempre severa con il sottoscritto, non tanto perché volesse un figlio perfetto, dato che lei per prima sa che tendere a un'idea di perfezione è stupido, ma perché voleva che mi facessi in qualche modo strada nel mondo, realizzassi qualcosa per cui gli altri parlassero di me. Vero, tutte le mamme coltivano ambizioni e danno il massimo per il bene dei propri figli. Ma se *ogni scarrafone è bell' 'a mamma soja*, allora fatemi dire che questo scarrafone pensa che la propria madre sia stata il motivo per cui è diventato ciò che è. Una delle mie grandi fortune è stato l'amore che i miei genitori provavano l'una per l'altro. Non lo so spiegare bene a parole, ma percepire l'amore fra due genitori, non necessariamente di sessi diversi, è la scintilla della felicità di un bambino. Io la ricordo ancora benissimo la luce nei loro occhi innamorati, e non parlo di amore maturo e talora poco appariscente, ma proprio dell'amore adolescenziale, quell'impeto quasi divino che all'inizio della relazione sospinge a stare vicino all'altro. Comprendere la forza di questo amore non solo ti fa vivere con maggiore serenità nella vita di tutti i giorni, ma crescendo diventa anche un esempio, un modello di comportamento nei confronti degli altri.

Da noi si dice che già la parola «mamma», con le tre «m» pronunciate con forza, dia l'idea di cosa rappresenta quella persona nella tua vita. Le tre «m» che ti «riempiono la bocca» danno piena soddisfazione, ti fanno aprire il cuore. Quando pronuncio la parola *abboffando* le «m» com'è tipico del mio dialetto, è come se facessi sgorgare un soffio d'amore, e dessi il giusto peso alla persona.

«Mamma», mi piace troppo ripeterlo. È un suono che mi ha fatto diventare grande, non solo nel pugilato ma soprattutto nella vita.

27

Due ori ai Giochi del Mediterraneo

Dei tornei giovanili, che erano andati tutti molto bene vi ho già parlato. Mi avevano dato grande consapevolezza e fiducia e avevano portato il mio nome nelle alte sfere del pugilato italiano prima ed europeo poi. Non mi restava che continuare a migliorare. Nel 2018, a diciannove anni, arrivai a Tarragona in Spagna, che ho scoperto poi vantare una spiaggia favolosa, per partecipare ai miei primi Giochi del Mediterraneo. Ricordo perfettamente come mi sentissi ancora un ragazzino, eppure dovevo affrontare per la prima volta i grandi.

Nella mia categoria c'erano già ottimi nomi, atleti ai quali fino a pochi mesi prima guardavo dal basso verso l'alto, ma mi sentivo molto tranquillo perché vedevo questo torneo come una sorta di mio ballo delle debuttanti. I Giochi del Mediterraneo dovevano aprirmi le porte del pugilato dei grandi, e anche se avessi perso male avrei di sicuro imparato da quei pugili. Inoltre arrivavo in Spagna come campione europeo under-22 dei supermassimi, per cui passando ai massimi cambiavo categoria, e vi trovavo il fior fiore del pugilato europeo e soprattutto uomini già formati dal punto di vista fisico e scafati da quello mentale. Insomma era una prova del nove per capire a che livello potevo arrivare.

Inizio il torneo contro un pugile siriano, Alaa Eldin Ghossoun, che aveva sei anni più di me e un'esperienza che io potevo solo sognare. Fatto sta che dopo un primo round di studio inizio a macinare il mio pugilato, prendo confidenza con quel livello tecnico e fisico e vinco il match per 3-2. Non ci credevo nemmeno io perché davvero c'era un abisso di esperienza tra di noi e quella differenza nella boxe spesso è tutto.

In semifinale altro pugile che sapeva il fatto suo, il turco Burak Aksın. Lui sembrava mio padre tanto era più adulto di me, era grosso e tozzo, ma il primo incontro mi aveva aperto delle porte e dato sicurezza. Fu un match senza speranza per il pugile turco, vinsi 5-0 e andai in finale, dove mi aspettava quello che immaginavo fosse l'ostacolo più duro, il croato Toni Filipi.

A febbraio, pochi mesi prima dei Giochi del Mediterraneo, aveva battuto Clemente Russo nelle World Series of Boxing che si organizzavano allora. Era un pugile giovane ma molto preciso, un osso veramente duro. Prima della finale tanti si dicevano: «Ma se ha battuto Clemente, il ragazzino dove vuole andare?». Vi confesso che fino a quella finale la pensavo così anch'io e infatti ho sperato di non incontrarlo prima, perché mi rendevo conto di non essere ancora pronto per quel livello, ma dopo i due incontri vinti mi era scoccata una scintilla.

Inizio la finale senza timore, sbarbato e asciutto come sono sembro un pulcino un po' cresciuto. Filipi rimane spiazzato dalla mia velocità e non sa difendersi bene contro i miei attacchi. Colpisco e mi difendo, entro sempre bene con le combinazioni e i suoi colpi li vedo alla perfezione, evitandoli senza grande affanno. I primi due round sono palesemente miei e il pugile croato si gioca la terza ripresa cercando di metterla anche in gazzarra, ma non ci riesce. Altro 5-0 netto e sonante e medaglia d'oro ai Giochi del Mediterraneo.

Questo mondo dei grandi, capii in quel momento, era proprio fatto per me.

Quattro anni dopo, nel 2022 invece che nel 2021 a causa del Covid-19, partecipai ad altri Giochi del Mediterraneo. Nel frattempo era cambiato tutto.

Da circa un mese ero campione europeo dei pesi massimi fra i dilettanti, oltre che campione in carica e mi approcciai al torneo con la serenità di avere ottime possibilità di vittoria. Mi sentivo tranquillo fin dall'inizio, quasi come se dovessi andare a fare degli sparring e non un torneo internazionale di alto livello.

I Giochi si tengono a Orano, e appena tocco il suolo algerino e mi dirigo al palazzetto scatta qualcosa di magico. Tantissimi mi conoscono, sanno chi sono e ciò che ho ottenuto nel pugilato, e il mio nome fa parte del loro mondo, della loro comunità. Ancora una volta, la mia peculiarità di essere tante cose insieme mi fa sentire non solo accettato ma addirittura amato da gente che non avevo mai incontrato prima.

Grazie alle mie origini, evidenti nel mio nome, i tifosi algerini hanno fatto apertamente il tifo per me in ogni incontro, sostenendomi e scoppiando di vera gioia ogni volta che mettevo un bel colpo.

A proposito di colpi e di incontri, il torneo è iniziato con un match di alto livello visto che ho subito sfidato l'avversario più forte, lo spagnolo Enmanuel Reyes, che un mese prima avevo battuto agli Europei di Yerevan. Facendomi guidare dalla spinta del pubblico che ha iniziato a gridare subito il mio nome, sono partito forte e ho messo le cose in chiaro, vincendo nettamente e facendo esultare tutta la EMEC Hall.

Un'altra vittoria netta in semifinale sul greco Vagkan Nanitzanian mi proietta in finale, dove mi aspetta il beniamino di casa, l'algerino Moh Said Hamani. Come mi capita spesso, affronto nella sfida finale il pugile del Paese ospitante e anche questa volta mi aspettavo un tifo sfegatato da parte del pubblico di casa. In effetti all'inizio va così, bandiere, cori, urla, tutto gioca a mio sfavore. Poi però inizia il match e la differenza tra noi è evidente. Porto bei colpi e combinazioni spettacolari, il pubblico continua a tifare per il pugile algerino ma con minore ardore. Mentre sta per finire il secondo round poi succede qualcosa di veramente strano. Ogni mio colpo è accolto con un «Oh!» di soddisfazione e meraviglia, e percepisco come gli spettatori siano entusiasti della prova che sto mettendo in scena. Resomene conto, faccio un terzo round di grande livello, un vero e proprio show tecnico e tutti iniziano ad applaudirmi. Il verdetto è salutato con un grande applauso collettivo e urla di soddisfazione, qualcosa di inaspettato e indescrivibile.

Dopodiché si scatena il caos: foto, strette di mano, bambini che mi si avvicinano e mi sgusciano tra le gambe, signore anziane che mi baciano le guance, uomini che mi guardano con ammirazione, provo una sensazione di benessere totale e capisco che aver dato un goccio di felicità a quella gente era proprio quello che mi ci voleva per vivere alla grande questa avventura. Inoltre il calore che gli algerini hanno espresso nei miei confronti si è poi diffuso anche a tutta la nostra Nazionale e quei Giochi del Mediterraneo sono diventati indimenticabili per tutti. Ancora oggi, quando incontro qualche pugile che era lì con me ricordiamo con piacere vivo la bellissima esperienza vissuta insieme. Non finirò mai di ringraziare l'Algeria per l'accoglienza e l'affetto che mi ha riservato. E mi piacerebbe sdebitarmi, magari organizzando in futuro un bel match di livello ad Algeri.

28

Io mi alleno, ma il mondo dove sta andando?

Sono da mesi in palestra, nella bella Sicilia a sudare senza sosta. Sono da mesi qui a lavorare per migliorare la mia condizione fisica, per affinare le mie strategie e aumentare la consapevolezza di poter vincere una medaglia olimpica.

Sono qui, chiuso in pochi metri quadri e continuo a colpire un sacco, a saltare una corda, a sollevare pesi e a lavorare per me stesso.

Anche se io e tutti gli altri atleti che gareggeranno alle Olimpiadi di Parigi siamo chiusi in palestra, non pensate che non sappiamo cosa stia succedendo lì fuori e che non ci interessi.

Per troppo tempo, potremmo dire da sempre, l'atleta è stato visto come un uomo semplice, dotato fisicamente e capace di correre più veloce o tirare pugni più forte degli altri. Gli atleti sentono sulla loro pelle tutto quello che accade fuori dalle loro palestre e vogliono in qualche modo contare per poter fermare i disastri che gli uomini stanno causando, proprio ora mentre digito sui tasti queste parole.

Mentre noi gareggeremo alle Olimpiadi di Parigi, quasi certamente saranno ancora in corso due guerre molto vicine a noi (per non parlare di quelle lontane, dagli occhi e dal cuore, e che magari causano anche più morti e disastri umanitari, ma di cui sappiamo sempre troppo poco): quella tra Russia e Ucraina e l'altra che invece fa uccidere persone palestinesi e israeliane.

La guerra fra Russia e Ucraina è uno stillicidio che ormai mi sembra duri da sempre, sicuramente da troppo tempo. A Parigi non potrò combattere contro atleti russi e bielorussi, il che ci farà ricordare ogni giorno quanto sta accadendo. Noi atleti non vediamo l'ora che una pace venga raggiunta in qualche modo, lo so che dico una cosa ovvia e scontata, ma gli anni di guerra sono troppo pesanti per donne, bambini e uomini di entrambi gli schieramenti. Devono tornare a poter vivere una vita normale tutti, nessuno escluso.

Mi fa male poi ancora di più assistere al massacro che si sta svolgendo in Palestina. La parola genocidio non deve essere nascosta, non deve essere detta a mezza bocca e non deve essere censurata. Io lo dico forte e chiaro, Israele in Palestina sta portando avanti un genocidio e deve essere fermato subito. Non giustifico nessuna delle violenze e dei dolori causati da persone di entrambi gli schieramenti, ma Israele ha veramente sorpassato ogni limite umanamente accettabile e fermarsi il prima possibile deve essere il comandamento numero uno anche per loro stessi.

Io e gli altri atleti chiusi nelle nostre palestre abbiamo un sogno: che all'inizio dei Giochi Olimpici lo spirito della pace e della fratellanza, i due punti cardine intorno a cui è nato e si è sviluppato il cuore dell'olimpismo, portino a una tregua e poi a una rapida pacificazione di entrambi i fronti di guerra. Lo sport deve parteggiare affinché si arrivi a un punto di accordo capace di stabilizzare una volta per tutte dissidi e faide ormai ultradecennali.

A nome di tutti noi atleti, io mi assumo l'onere di dare l'esempio da seguire in ogni momento dell'esistenza, ovvero farò di tutto per mostrare il rispetto verso l'altro. È ciò che possiamo fare noi per dimostrare con i fatti come si costruisce la pace.

Per poter fare sport e vivere in pace con l'altro si deve sempre partire dal rispetto verso il proprio territorio, la propria cultura e le proprie origini, anche e soprattutto se sono multiple come nel mio caso. Ma poi bisogna avere rispetto del territorio, della cultura e delle origini degli altri per comprendere chi sono e condividere con loro la nostra esistenza. Ecco perché sport e pace sono molto affini e chi fa sport non può non desiderare un mondo completamente pacificato.

29

Allenatore e non solo

Vi ho aperto il cuore parlandovi dei miei genitori, il mio papà che ricordo ogni istante e la mia meravigliosa mamma.

Ma la tribù non si ferma qui. Ora vorrei condurvi in uno di quei viaggi labirintici all'interno delle famiglie del Sud, dove la matassa di parentele e connessioni varie è così ingarbugliata che servirebbe un ingegnere gestionale per districarla.

Dovete sapere che mia madre ha una sorella gemella che si chiama Mina, la quale è sposata con Gennaro Moffa, il mio allenatore. Il fratello di Gennaro è Luigi, altro mio allenatore ma anche cognato di mia zia, gemella di mia mamma. Dai, non era difficile.

Questo incastro raccontato in maniera ironica è per me centrale perché mi ha cambiato la vita.

Se non avessi avuto fin da piccolo uno zio allenatore di karate e di boxe, fortemente legato alla mia famiglia in quanto sposato con la gemella di mia madre, a loro volta legate in maniera indissolubile, come sarebbe andata la mia vita? Sarei comunque diventato un pugile?

Non credo. La voglia di zio Gennaro e di Luigi di farmi crescere, divertire, splendere e raggiungere i più grandi traguardi sono stati l'innesco di tutto e oggi continuano a essere la fiamma che fa bollire la mia voglia di emergere e arrivare ai miei traguardi.

E quali traguardi avrei potuto desiderare fin da piccolo se la palestra di mio zio si è sempre chiamata Olympic Planet (vedete che tutto si incastra alla perfezione)? Prendere un bambino di quattro anni e educarlo alla vita, prima ancora che al karate e alla boxe, è innanzitutto una responsabilità gigantesca e poi anche un meraviglioso atto d'amore. Con zio Gennaro e Luigi ho vissuto tutti i momenti che uno sport come la boxe ti fa attraversare: la gioia incontenibile per le vittorie, lo sconforto per le sconfitte, le paure e l'eccitazione prima di salire sul ring. Tutte queste emozioni loro le hanno provate per primi e sanno comprenderle. Avere un allenatore che capisce cosa stai provando perché ti ha accompagnato dal tuo primo giorno in palestra è praticamente impossibile nel mondo della boxe ed è quell'elemento in più che mi dà la forza per provarci davvero.

I grazie per loro li ho sempre tributati senza lesinare, sia in privato che in pubblico. Ma adesso che sogniamo questo enorme obiettivo insieme, mi viene voglia di dirne altri mille e mille ancora, perché la riconoscenza è il primo gesto da compiere nei confronti di chi ci vuole bene.

Grazie.

30

È dal primo giorno che mi preparo per quei quattro incontri

Ricordando mio padre e i miei allenatori mi sono tornate in mente tutte le ore di allenamento che ho fatto nella mia vita. Come ho detto, a un certo punto ero ad alti livelli in tre sport differenti e tenere questo standard era davvero assurdo da un punto di vista dell'impegno fisico e mentale.

Però se ci ripenso, ora che sono più maturo, riesco a individuare due forze che mi muovevano a impegnarmi in quel modo, senza lamentarmi, anzi spesso con il sorriso sulle labbra.

La prima era il divertimento. Un aforisma dice: «Se fatichi divertendoti, allora non stai faticando». Credetemi, è solo luogo comune. Quando tornavo a casa dopo un allenamento di boxe, dopo che due giorni prima avevo partecipato a un torneo di kickboxing, ero davvero distrutto. Forse conosco ancora poche cose della vita, ma so spiegare a qualcuno cosa vuole dire la fatica, sia psicologica che fisica. Tuttavia quella frase contiene anche qualcosa di vero. Non ho mai praticato sport per imposizione altrui, per dovere o per inerzia. Ho sempre fatto tutto perché sentivo di divertirmi.

Ora qualcuno potrebbe dirmi: «Ma che divertimento c'è a prendere o dare cazzotti e calci a una persona estranea?». Non sarebbe facile rispondere, perché prima di tutto dovrei spiegare il senso degli sport di combattimento e ci porterebbe via troppo tempo e troppe pagine, e allora gli direi: «Vieni a vedermi combattere».

Sono sicuro che lui o lei si siederebbe convinto di vedere una rissa, due uomini che cercano di farsi male e se ne andrebbe con l'idea che la boxe è divertente. Mi sono sempre divertito negli allenamenti e negli incontri e non faccio nulla per nasconderlo. Rido, mi muovo, ballo, saltello, strizzo gli occhi, cerco il momento giusto per mettere il colpo, prendo il colpo senza drammi. Mi viene naturale, è quella dose di divertimento che provo sempre a farmi avere questi atteggiamenti.

E poi c'è una seconda cosa a cui pensavo mentre costruivo la mia vita sul ring e in palestra. A quei quattro incontri.

Eh sì, fin da piccolo, proprio perché il mio idolo è stato Muhammad Alì, ho pensato alle Olimpiadi come al traguardo più importante per uno sportivo.

Alì le ha vinte e nel Villaggio olimpico di Roma 1960 era un principe-giullare a cui tutti volevano bene. Conoscendo la sua storia, fin da subito ho pensato ai cinque cerchi e a quei quattro incontri che servono per arrivare alla medaglia d'oro.

Se calcolo i tre sport che ho praticato, ho combattuto centinaia di match nella mia vita, ma ho sempre pensato, desiderato, sognato e voluto i quattro incontri che mi accingo ad affrontare.

Sono solo quattro, ma sono stati e sono il motore che mi muove ogni attimo. Non resta che disputarli. E vincerli.

31

La prima volta in canotta azzurra

Non so se si capisce da tutto quello di cui vi ho raccontato fino a questo momento, ma un atleta ricorda molto spesso gli attimi e i dettagli del passato: ne parliamo di frequente, anche più di quanto dovremmo.

Il futuro è lì che ci attende e non vediamo l'ora di sfidarlo o meglio di abbracciarlo. Il presente è applicazione secondo per secondo e non possiamo mai distrarci, così per «rilassarci» noi atleti pensiamo al passato, a quello che abbiamo fatto per arrivare al presente e immaginare il futuro.

In questi giorni preolimpici mi ritorna spesso in mente la prima volta che ho indossato la canotta azzurra della Nazionale italiana. A dire la verità, la prima vera divisa che ho messo per rappresentare l'Italia è stato il kimono. Avevo quattordici anni e ai Mondiali di karate sono arrivato terzo nella specialità kumite. Beh, indossare quel kimono con lo stemma dell'Italia è stata un'emozione incredibile, ma non come quella che ho provato quando ho vestito per la prima volta la canotta della boxe.

Ero in Serbia, avevo sedici anni e volevo capire se davvero potevo fare quello sport a cui mi avevano indirizzato mio padre e mio zio.

Ricordo bene come andarono le cose. Arrivammo davanti all'albergo che ospitava tutti i pugili italiani. Gli allenatori ci radunarono nella hall e ci consegnarono gli indumenti da gara. Salii in camera e tremando andai in bagno per non farmi vedere dal mio compagno di stanza perché mi vergognavo troppo, aprii la busta che ci avevano dato e tirai fuori la canotta azzurra.

La indossai e scoppiai a piangere. Mi guardai allo specchio e capii che era il momento di chiamare i miei genitori e farmi consolare per quell'emozione che non riuscivo a gestire, ma anche di condividere quell'orgoglio che sentivo straripare nel cuore. Mio padre non riuscì a proferire parola, anche lui pervaso dall'emozione del momento, mia madre invece seppe dirmi che quella conquista era meritata e dovevo continuare a meritarla sul ring. Quelle parole mi diedero una forza incredibile per il torneo da affrontare.

Mi spogliai, andai a dormire e sognai di vincere. Il problema era che nella categoria supermassimi a cui ero iscritto c'erano due atleti kazaki fortissimi. Il primo lo affrontai in semifinale ed era il vicecampione del mondo. Sono sincero, mi davano tutti come perdente, anche gli allenatori della Nazionale. Lui era davvero bravo, ma vinsi quell'incontro nettamente, diventando l'idolo dell'intera Nazionale perché ero riuscito in una mezza impresa. Ma non bastava, ora che indossavo la mia prima maglia azzurra non mi volevo accontentare. Il giorno dopo affrontai l'altro fortissimo kazako, campione asiatico in carica e vincitore della propria semifinale addirittura per ko al primo round. Un altro pugile di grande livello. Vinsi di nuovo 5-0 e la festa italiana invase l'intero palazzetto.

Grazie a queste due vittorie, io e chi mi stava intorno capimmo che potevo diventare grande nel pugilato, tuttavia non mollai il karate. Sono stato nazionale di entrambe le discipline fino a diciassette anni, quando poi ho lasciato il kimono e optato definitivamente per la canotta.

Perché ho scelto la boxe? Facile. Al tempo il karate non era olimpico e, dopo la parentesi di Tokyo, non lo è nemmeno oggi. E io mi sono sempre visto alle Olimpiadi a lottare per la medaglia d'oro. Quello che sto cercando di fare oggi mi ha sempre guidato in ogni scelta, grande o piccola che fosse. Ora tocca a me, me lo dico da così tanti anni da non vedere l'ora di capire come andrà a finire.

32
Tokyo 2021

A proposito di Olimpiadi, non vi avevo ancora raccontato (e adesso capirete il perché) di come io alle Olimpiadi avessi già provato ad andarci. Stiamo parlando dell'edizione di Tokyo, di soli tre anni fa.

Nel 2019 avevo vent'anni e letteralmente cavalcavo il mondo. Fino all'anno precedente avevo ancora qualche remora sulla boxe, non sapevo fino in fondo se avessi fatto la scelta giusta preferendola al karate.

Il 2018, però, per me era stato sensazionale. In pochi mesi avevo vinto due Campionati europei under-22, prima nei supermassimi e poi nei massimi, ci avevo aggiunto i Giochi del Mediterraneo a Tarragona e infine i Campionati dell'Unione Europea a Valladolid.

Anno incredibile che mi fece accendere una lampadina molto luminosa nella testa: «Abbes, tu a Tokyo 2020 ci puoi andare, anzi ci *devi* andare». E allora mi misi sotto per giocare le mie chance nei tornei di qualificazione olimpica.

Tutto sommato il 2019 fu un anno interlocutorio, non riuscii a esprimere la mia boxe migliore perché stavo preparando fisico e mente per gli eventi di inizio 2020, quando ci si giocava davvero Tokyo.

Mi sembrava di aver completato la preparazione, ero pronto, ero al meglio. Stop!

Come sappiamo tutti, nel marzo del 2020 il mondo si ferma, io resto chiuso in casa non ricordo più per quanto tempo e tutto diventa difficile. Ho chiesto anche ad altri amici e atleti cosa hanno provato durante il periodo del Covid, soprattutto quelli che sognavano l'Olimpiade come me. Per tutti è stato un momento drammatico e di sospensione tremenda del tempo e della vita, ma per noi atleti è stato un guaio serio, un buco nero da cui siamo usciti cambiati. Chiudere in casa un atleta è contronatura. Noi siamo per scelta esistenziale condannati a muovere sempre corpo e testa. Mentre tiriamo un pugno al sacco, una freccia verso il centro del bersaglio oppure mentre pagaiamo o facciamo una bracciata a rana, il nostro corpo è sempre in azione e la nostra mente elabora senza sosta migliaia di informazioni.

Per noi pugili poi è stato un periodo ancora più orribile, se mi permettete, e adesso vi spiego il perché.

Come anticipato, io e tutti gli altri pugili in caccia di Tokyo 2020 ci siamo preparati alla perfezione per i tornei di qualificazione. Quello europeo si teneva a Londra e iniziava il 14 marzo 2020.

Ma a quella data il mondo era letteralmente sotto shock. In Italia eravamo già in lockdown, e noi pugili, in mezzo a difficoltà assurde, arrivammo a Londra con due sentimenti ingestibili per un atleta che cerchi di far avverare il suo sogno: da una parte la paura per coloro che avevamo lasciato in Italia, perché il Covid stava facendo strage, dall'altra l'incertezza su come gestire il rapporto con la pandemia e con l'altro in generale. In poche parole ci chiedevamo: si può organizzare un torneo di boxe in un mondo che si sta fermando?

E infatti la competizione durò ben poco, dal 14 al 16 marzo, poi tutti a casa di corsa perché anche in Gran Bretagna si decise di chiudere tutto.

Tornati in Italia, ci si chiuse in casa, cercando di allenarsi come si riusciva (lo smart training non fa proprio per me). A un certo punto ci fecero sapere che avremmo ripreso più o meno da dove avevamo lasciato, questa volta però a Villebon-sur-Yvette, in Francia. Il problema però non era tanto il luogo, dato che uno vale l'altro, ma il fatto che il torneo si sarebbe disputato dal 4 giugno 2021, quindi un anno dopo e in un anno può davvero cambiare tutto.

Vivemmo un periodo folle, non voglio trovare scuse, eravamo tutti sulla stessa barca, ma noi pugili giovani eravamo destabilizzati.

Cercando di non pensarci però arrivo in Francia e supero con facilità il primo turno, battendo il bosniaco Džemal Bošnjak. Agli ottavi affronto Mücahit İlyas, un pugile turco ben quotato. L'incontro riesco a gestirlo bene, e alla fine vinco per 5-0 ma l'avversario mi procura dei danni seri. Prima mi rifila una testata sulla bocca così violenta da rompermi un dente e poi soprattutto una gomitata alla tempia, che inizia a farmi molto male e si gonfia in maniera evidente.

In queste condizioni (cose che capitano nella boxe, ma è lì che l'arbitro dovrebbe fare attenzione e intervenire per tempo) affronto il pugile in quel momento più forte nella categoria dei massimi, il russo Muslim Gadzhimagomedov, sì proprio lui, il pugile che poi mi toglierà anche l'oro mondiale nel 2023. Sono messo male ma combatto con tutto quello che ho. Anche in questo caso, come due anni dopo, perdo il match con decisioni dei giudici non proprio brillanti, usando un eufemismo.

Al di là dei dolori e della rabbia per il verdetto, la cosa che mi faceva stare davvero male era che perdere ai quarti significava dire addio ai Giochi di Tokyo. Innanzitutto quando sali sul ring vuoi vincere, altrimenti resteresti sul divano di casa. E poi per un atleta che non ci è mai stato, il desiderio di vedere con i propri occhi cosa siano i Giochi Olimpici è davvero bruciante. Le Olimpiadi hanno una forza attrattiva irresistibile per un atleta. Dare tutto per esserci, farsi vedere da una platea mondiale, competere nel torneo in cui tutti sono al meglio è un richiamo profondo e potente. Capisco bene gli atleti che si tatuano i cerchi olimpici una volta che vi hanno partecipato, i Giochi ti cambiano la vita.

Alla luce di queste considerazioni è comprensibile il mio stato d'animo quando tornai a casa. La mia faccia doveva dire tutto perché mia madre capì subito che ero profondamente triste e demoralizzato, e che doveva intervenire. Mentre ciondolavo per casa e mi buttavo di malumore sul divano, iniziò a parlarmi per cercare di scuotermi, ma con serenità d'animo, senza prendermi di petto.

Mi aiutò a mettere la delusione olimpica, un episodio che per certi versi può anche modificare la carriera di un atleta, nella giusta prospettiva per un pugile di ventidue anni. Mi fece capire che dopo tutto quello che avevamo vissuto in quei mesi, non andare alle Olimpiadi era soltanto un passaggio da superare e digerire bene sia come uomo che come atleta. Il mondo mi era caduto addosso, è vero, ma adesso stava a me ricostruirlo.

La prospettiva che mi aveva dato mia madre fu fondamentale, e insieme a un viaggio imprevisto contribuì a risollevarmi. Infatti, non dovendo prepararmi per il torneo olimpico avevo un po' più di tempo per me, così decisi di tornare in Marocco dopo molto tempo.

Ci arrivai senza la minima voglia di rialzarmi dal torpore, ma in Marocco non ci mettono tanto a scuoterti. Fui letteralmente preso d'assalto dall'affetto dei miei parenti, e la loro considerazione nei miei confronti mi aiutò a ritrovare l'autostima e a risollevarmi. Quando, dopo anni di fatica, un atleta fallisce il traguardo più ambizioso che si è posto, può essere travolto dalla sfiducia: «Non sei all'altezza, hai fallito, non ce la farai mai». Giunto in Marocco con questi pensieri che mi rodevano in testa come un tarlo, mi resi conto che c'era un'altra verità, diametralmente opposta. Per parenti e amici ero Abbes l'eroe, anzi Abbes il supereroe, uno di loro che si stava facendo strada nel pugilato.

Capii che il mio primo pensiero da quel momento in avanti doveva essere di non deludere tutti loro e soprattutto, proprio perché mi trovavo in Marocco, non deludere papà, la persona che mi ha destinato a quello sport e a quella vita.

L'aria del Marocco, quell'aria che ti riempie i polmoni di speranza nel futuro, mi aveva risollevato. Ancora una volta, la ricchezza di essere tante cose diverse mi ha salvato.

Appena tornato, andai dritto in palestra e non volevo più uscirne. Volevo fare pugilato ma questa volta con un altro spirito. Non volevo la pesantezza dell'obiettivo da raggiungere a tutti i costi. Volevo migliorare senza sosta ma con la leggerezza di chi si sta scoprendo e vuole farsi scoprire dagli altri. Da quel momento, in ogni allenamento e anche in ogni match il primo comandamento divenne: «Abbes, divertiti e dai spettacolo», proprio quello che mi diceva mio papà. Finalmente lo avevo capito.

33
Il segreto per superare le sconfitte

Una cosa che deve imparare il prima possibile chi fa sport è che si perde e sebbene io abbia perso poche volte, se mettiamo insieme due finali mondiali e una mancata qualificazione alle Olimpiadi, citando Paolo Maldini, sono anche io un grande sconfitto.

La sconfitta è una strana amica per un pugile. La devi mettere in conto, altrimenti non ti rialzi più, ma allo stesso tempo non ci devi mai e poi mai pensare, altrimenti sul ring non ci sali più. Deve essere come quell'amica che non senti più, della quale ti sei quasi dimenticato e che, se ti viene a trovare all'improvviso, accogli con cortesia per un caffè e quattro chiacchiere, e poi accompagni alla porta il prima possibile con il sorriso sulle labbra, mentre dentro esplodi.

Tutti i pugili che ho conosciuto sono stati visitati da questa amica, e tutti hanno il loro piccolo segreto per affrontarla. All'inizio io non pensavo affatto alla sconfitta, vincevo sempre e volavo sulle ali della serenità. La porta di casa mia era chiusa alle visite inaspettate. Poi però ho perso e anch'io ho trovato il mio segreto. Per superare la sconfitta mi chiudo in me stesso e semplicemente mi connetto con parole capaci di svegliarmi e consolarmi.

Prima di tutto, ancora una volta la musica, la compagna fedele che sa toccare le corde della mia anima, e scuotermi, calmarmi, stimolarmi, risollevarmi. Le parole degli artisti che ascolto sono un toccasana per il cuore perché spesso, almeno a me, sembra abbiano già vissuto quelle esperienze e sappiano raccontarmi come riemergere. Quelle voci diventano la mia ed è la cosa migliore ascoltarsi con la voce degli altri.

Non solo cantanti però. In quei momenti voglio ascoltare anche la voce degli sportivi, dei grandi che hanno camminato sulla mia strada, provato il gusto amaro che sto assaggiando io e avuto la forza per venirne fuori. Ascolto le frasi e i discorsi dei grandi campioni dello sport del passato e mi scuoto.

Come avrete capito dalla mia fissa per Alì nonché dalla grande stima per Cammarelle, Russo e gli altri grandi pugili del passato, ho un rapporto molto stretto con tutta la boxe che mi ha preceduto. Mi sento l'ultimo uomo di una staffetta lunghissima che inizia con i grandi eroi-pugili di inizio Novecento e arriva fino a noi. Ogni volta che guardo i loro match e ascolto le loro parole imparo qualcosa: che sia un movimento, una finta, un gesto, un modo per rapportarsi al pubblico, un modo di sorridere o fare la faccia brutta, i grandi del passato mi danno sempre un nuovo insegnamento.

Gli artisti del canto e della boxe però non bastano, sarebbe bello poter riempire il serbatoio di parole e ritrovarsi pronti a combattere come se nulla fosse successo. Le parole sono l'innesco, ma la legna che dovrà alimentare la voglia di rialzarsi la devi mettere tu. Combattere non significa solo affrontare l'altro – in parte è anche quello è ovvio, e nel nostro sport poi è essenziale –, ma è prima di tutto vincere le proprie paure, delusioni e malinconie. È una consapevolezza che raggiungi pienamente solo quando perdi per la prima volta nella tua carriera. In quel momento inizi a combattere davvero e lo fai da una parte assecondando, dall'altra reagendo a quello che stai provando.

Sembrano parole molto aleatorie, difficili da mettere in pratica e allora, poiché tutti viviamo di vittorie e sconfitte, non solo noi che saliamo su un ring, voglio dare a tutti un consiglio pratico. Inutile giudicare una giornata lavorativa o un frangente della vita in base a come ci si sente e a come il mondo che ci circonda reagisce alle nostre azioni e ai nostri sentimenti. Poniamoci degli obiettivi, piccoli, medi, va bene tutto. Obiettivi ovviamente realistici (io ad esempio mi vedrei bene come presidente del Consiglio, però non è cosa) e facciamo del nostro meglio per raggiungerli. Non devono essere appunto irrealistici, ma riguardare ad esempio la forma fisica, una piccola esperienza che vogliamo fare nella vita, un rapporto che desideriamo instaurare con un'altra persona, il modo in cui stiamo su questa Terra, in grado di farci sentire bene già solo quando li immaginiamo.

Una volta raggiunto questo primo obiettivo non bisogna fermarsi, ma porsene uno nuovo un po' più grande, perché a volte è la stasi a fregarci e a renderci malinconici e talora anche arrabbiati con la vita.

Ovviamente può accadere che questo obiettivo più grande non venga raggiunto, e allora che si fa? Due cose: innanzitutto si ricorda l'impegno profuso nel perseguirlo: è vita vissuta, anzi è vita buona, quella che ci ha portato a essere ciò che siamo. E poi si stringono i denti, e si fa il possibile con rinnovato impegno, perché la stella a cui tendiamo non tramonta con la sconfitta.

A questo punto, qualcuno potrebbe chiedermi come ottenere un risultato quando, nonostante l'impegno, ancora non ci si è riusciti. Ed è qui che entrano in campo la disciplina, la determinazione, la voglia e la forza di restare focalizzati, il desiderio di farcela. Qui si comprende quanto serva la sconfitta. Solo con la sconfitta la disposizione mentale di cui sopra può radicarsi e farti diventare un atleta e una persona migliore.

Gli allenatori, i preparatori, gli psicologi dello sport sono importanti, ma tutto deve partire da te: solo dopo che tu e solo tu hai acceso la miccia, chi ti sta intorno saprà ravvivare la fiamma e farti ripartire davvero.

34
Il Campionato italiano sotto casa

I Campionati italiani si tengono ogni anno in una città diversa. Negli anni in cui stavo emergendo sono stati ospitati a Galliate, Gallipoli, Roseto degli Abruzzi, Bergamo e Gorizia, dove ho partecipato arrivando secondo. Era il 2017 e negli anni successivi lasciai un po' da parte la scena italiana per concentrarmi sugli appuntamenti internazionali.

Non mi andò male, perché vinsi gli Europei under-22 sia nei supermassimi che nei massimi e l'oro ai Giochi del Mediterraneo a Tarragona. Pensate che nel 2018 vinsi in maniera netta tutti gli incontri disputati, un'impresa quasi magica.

Poi arriva il 2020 e il Covid ferma tutto, torno a casa e ci resto per un po', allenandomi male, come tutti. All'improvviso si riprende e decido di partecipare al Campionato italiano. Ma dove si disputa nel 2020? E qui voglio lasciare qualche riga di suspense.

Il palasport «Giacomo Del Mauro», dove ha luogo l'evento, ha una storia gloriosa e due curve, Terminio e Montevergine, che potrebbero essere indizi importanti per indovinare la città in cui è ubicato. Ci hanno giocato due volte gli Harlem Globetrotters ma questo non è un grande indizio perché i Globetrotters hanno giocato veramente ovunque.

Ci siete arrivati? Il Campionato italiano 2020 si disputa ad Avellino, in pratica la mia terra. Partecipare a un torneo porta già con sé un carico di attese e aspettative enorme, ma se devi farlo sotto casa tutto si moltiplica e devi lavorare sodo per non farti schiacciare dalla tensione.

Al di là della grande attesa che mi circondava e sentivo in tutta la sua potenza, è stato un torneo davvero eccezionale, che ho vissuto come su un ottovolante.

Un po' di precisazioni e dettagli. A causa del Covid, il Campionato italiano 2020 si è disputato nel 2021, e per la precisione la mia finale si è svolta il 31 gennaio 2021. A questo punto i pugili, anche amatoriali, che leggono questo libro si saranno fatti due calcoli e staranno esclamando: «Poverino!».

Sì, perché per mantenersi entro i limiti di peso di categoria e in grande forma fisica per puntare alla vittoria, nei due mesi che precedono un torneo bisogna stare molto attenti a tutto ciò che si mangia. E una finale disputata il 31 gennaio implica la rinuncia alle innumerevoli prelibatezze del periodo natalizio che come in tutte le case italiane affluiscono anche nella mia. Immaginate solo per un istante quale sacrificio sia stato dover rifiutare tutto quello che di buono mia madre e mia zia avevano preparato in quei giorni magici. Se veniste a sapere a quale frittura di pesce ho dovuto rinunciare, non mi rivolgereste più la parola.

Altra piccola precisazione riguarda il momento storico in cui si è svolto quel Campionato. Come detto eravamo in era Covid, nel pieno della seconda ondata, e i miei tifosi, entrati nel palazzetto anche in maniera non del tutto «legale» ma dotati di mascherina d'ordinanza, dovevano frenare gli entusiasmi per non contaminare gli altri spettatori. Devo riconoscere che sono riusciti a controllarsi, anche se ho visto qualche mascherina finita sugli occhi o intorno alla gola per la troppa foga nel gridare il mio nome.

Ma al netto delle fritture rifiutate e dei tifosi impiccati alla mascherina, è stata un'esperienza bellissima. Combattere davanti ad almeno uno dei miei genitori mi era già capitato diverse volte, ma farlo davanti a familiari e amici è stato stupendo.

In quel contesto, dopo aver vinto tutti quei trofei internazionali, non volevo fallire anche per dimostrare a tutti di che pasta ero fatto perché in Italia forse qualcuno aveva dimenticato chi fossi.

Ai quarti affronto Roberto Lizzi, un ragazzo calabrese giovane ma già molto dotato, che aveva vinto il bronzo ai Giochi Olimpici giovanili del 2014. Inoltre la sfida contro di me gli farà bene perché in pochi mesi vincerà il Campionato italiano under-22 e poi quello Elite, succedendomi nell'albo d'oro dei 91 kg. Quel match però lo vinco io in scioltezza con il parterre in festa fin dal primo pugno.

In semifinale sfido Jonathan Kogasso, anch'egli pugile molto forte, che ha una storia molto bella e capace di unire due città distanti in tutto eppure vicine se parliamo di boxe. Jonathan è nato a Kinshasa e bastano solo alcuni rudimenti della storia della boxe per sapere che quella città fu la location della «Rumble in the jungle», l'indimenticabile sfida tra il campione dei pesi massimi, George Foreman e il più grande, ovviamente Muhammad Alì. È stato semplicemente il più grande evento pugilistico della storia e il modo in cui Alì ha vinto, riprendendosi il titolo mondiale dopo la sospensione, emoziona ancora oggi.

Kogasso a otto anni parte da Kinshasa e arriva in Italia, più precisamente a Voghera, altra città cara al pugilato perché all'età di quattro anni andò a viverci e a costruire tutta la sua carriera Giovanni Parisi, uno dei più grandi talenti italiani, vincitore della medaglia d'oro alle Olimpiadi di Seoul 1988 nei pesi piuma, oltre che campione mondiale fra i professionisti sia nei pesi leggeri che superleggeri (nel 1995 sfidò anche Julio César Chávez, uno dei più grandi pesi leggeri della storia). Purtroppo Giovanni Parisi morì in un incidente stradale nel 2009, a soli quarantun anni.

Molto bella la storia e gli incastri pugilistici della vita di Jonathan Kogasso, ma quella semifinale la devo vincere e lo faccio dimostrando anche la capacità di essere pungente e potente nei momenti importanti del match.

Arriva poi il giorno della finale, e fuori dal Pala Del Mauro si forma una lunga coda perché tutti quelli che mi conoscono sono partiti da Mercato San Severino, a una ventina di chilometri di distanza. Mi è stato raccontato in seguito che i tanti che non sono riusciti a entrare non si sono disperati e hanno continuato a tifare per me anche da fuori.

Quel giorno sfido Eros Seghetti, un pugile molto agile che in qualche modo mi somiglia anche nel modo in cui fa partire i colpi. La mia finale arriva dopo una giornata veramente interminabile, durata dieci ore e con altre diciannove finali disputate. Vinco con chiaro merito e mi sento al settimo cielo perché conquistare un torneo praticamente sotto casa non è equiparabile a nessun'altra vittoria, Mondiali e Olimpiadi a parte, s'intende.

Fare felici le persone che forse per la prima e unica volta riescono a vederti dal vivo sul ring e che ti incontrano quasi tutti i giorni in strada o in palestra è un piacere che riempie il cuore. In quel torneo ho capito che la prima molla a spingerti verso la vittoria è la tua soddisfazione personale, la legittimazione della tua superiorità sportiva, ma vedere la felicità negli occhi altrui grazie alla tua vittoria è uno stimolo altrettanto potente, capace di moltiplicare le tue motivazioni. Campione d'Italia ad Avellino, chi lo avrebbe mai detto. Io ce l'ho fatta.

35

Che cosa vuol dire show

Qualche giorno fa il presidente della Federazione pugilistica italiana, Flavio D'Ambrosi, ha detto che per riportare in alto la boxe c'è bisogno di unire lo sport con lo spettacolo come fa Abbes.

Mi ha fatto molto piacere, prima di tutto che il riferimento numero uno della mia federazione riponga così tante speranze in me, ma soprattutto perché ha dimostrato come il mio modo di fare pugilato sia giusto, sia quello che secondo me serve alla boxe.

Tanti dopo i miei incontri mi dicono che sono troppo giocherellone sul ring, ballo troppo e in questo modo rischio di distrarmi. Capisco questi punti di vista, mi rendo conto da dove parta l'analisi, ma posso assicurare che non è così. Fare spettacolo sul ring per me è vitale, equivale a boxare, né più né meno.

Spostarsi sempre, cadenzare il ritmo dei colpi come se fosse una danza, avvicinarsi e allontanarsi dall'avversario, tirare i colpi con il timing e la forza giusta, tutto questo diventa realtà attraverso il mio movimento sul ring, creando appunto una sorta di balletto.

Sì, come tutti avranno pensato, anche questa mia voglia di ballare e fare spettacolo viene da Muhammad Alì, il pugile che ha preso la sua disciplina e l'ha fatta diventare il più grande spettacolo del mondo.

Io non posso nemmeno immaginare di arrivare a quei livelli, ma se tutti seguissimo l'esempio di Alì e dessimo prima di tutto spettacolo sul ring, sono certo che la boxe tornerebbe a essere uno sport molto popolare.

Un giorno un addetto ai lavori mi chiese: «Ok, Abbes, ho capito. Ma per te che vuol dire show?».

Non fu facile rispondere, perché fare lo show per me è prima di tutto qualcosa di istintivo che coinvolge il corpo, e non di premeditato a cui penso prima o durante il match. Nel corso del match sono assolutamente concentrato su quello che devo fare io e su quello che fa il mio avversario, perciò continuo a ripetere che il mio show non porta scompensi da un punto di vista della pura performance sportiva. Se la parte sportiva quindi non viene intaccata, allora lo show per me può essere semplicemente considerato come un modo per far divertire, divertendomi, anzi l'unico modo che conosco e che ho imparato per fare qualcosa di divertente per me e per gli altri.

Mi sembra una risposta banale, ma mentre parlavo con quella persona, pensavo anche: «Ma scusa, perché non chiedi a un cantante, un musicista, un attore o qualsiasi altra figura che si esprime per un pubblico cosa significhi fare show, con l'idea oltretutto che sarebbe meglio non farlo?». Per loro show e performance sono la stessa cosa. Divertirsi e divertire per esprimere sé stessi.

Per gli sportivi, e ancora di più per i pugili, credo valga lo stesso. Noi offriamo un grande spettacolo per il pubblico e dobbiamo pensare anche a chi ci guarda quando boxiamo. Non basta solo vincere, bisogna anche far passare agli spettatori un periodo di tempo che non vorranno dimenticare.

Quindi non me ne vogliate ma io continuerò a fare lo show, il mio show.

36
Allenarsi a Natale

In questi giorni di fine dicembre tanti, pressoché tutti quelli che mi incontrano o mi inviano un messaggio, mi chiedono: «Ma ti alleni anche a Natale?».

Di fronte a questa domanda, il mio sguardo deve apparire molto strano, forse un po' aggressivo, perché dopo che ho risposto, tutti cambiano argomento.

Sì, ovvio, ci si allena anche a Natale, anzi forse a Natale anche più degli altri periodi dell'anno, perché serve per dare fondo alla condizione, magari è importante per mettere a posto alcune cose che sono andate male nei match precedenti, insomma Natale è meraviglioso, ho un rispetto enorme per la parte religiosa e mi diverte tanto anche la possibilità di vivere un clima più sereno, ma per noi atleti e per noi pugili nello specifico, Natale è davvero un giorno come gli altri.

La domanda successiva di chi ha più coraggio, dopo aver digerito il mio sguardo cattivo, è: «E perché?».

Questa è una bella domanda, che ti smuove qualcosa dentro, facendoti anche capire chi sei e ciò che stai facendo.

Lo faccio e lo facciamo perché abbiamo un obiettivo che ci chiede di farlo. Tutto qua. Facile a dirsi, ovviamente difficilissimo da mettere in pratica.

Anche io, come tanti, vorrei abbuffarmi di struffoli, per non parlare dei «calzoncelli» che si fanno da me, una vera specialità con crema di castagne e miele. Ma ve lo immaginate un pugile che s'ingozza di crema di castagne e miele e poi pensa di vincere le Olimpiadi? Purtroppo le due cose non stanno insieme e quando qualcuno inventerà il modo di smaltire in pochi minuti gli struffoli di cui sopra, beh, io sarò il primo a seguire i suoi consigli.

Scherzi a parte, allenarsi a Natale è un semplice passaggio che ogni atleta deve percorrere per restare quello che è, un atleta, appunto.

Un giorno mi hanno raccontato la storia di Pietro Mennea, uno dei più grandi atleti della storia dello sport italiano. Era il 24 dicembre e si presentò, come ogni giorno, al campo dove si allenava a Barletta. Di mattina si era già allenato, ma voleva farlo anche quel pomeriggio.

Trovò il cancello del campo chiuso e nessuno a cui chiedere per entrare. Così andò a bussare dal custode del campo, che era a tavola con la famiglia per il cenone della vigilia. Mennea gli chiese le chiavi del cancello, e il custode lo guardò come se avesse visto un marziano e gli disse: «Ma pure oggi?». «Sì» rispose Mennea. «In America mica stanno a pensà alla vigilia.»

Gli americani, i suoi avversari, avevano più strutture, allenatori di alto livello e soprattutto più muscoli di lui. Per migliorare e puntare a quella medaglia dorata che Mennea riuscì a conquistare, non puoi permetterti di non avere voglia di allenarti. Anche a Natale.

37
La mia dote naturale

Qualche tempo fa ho letto la bellissima biografia di Federica Pellegrini, un'atleta a cui guardo con grande rispetto per quello che ha fatto nel suo ring, ovvero la piscina, e anche per quello che è riuscita a costruire fuori dalla piscina. Ha vissuto la sua vita come voleva, anche se in mezzo a contrasti con la stampa, problematiche normali per una giovane donna e continue intromissioni su fatti della sua vita privata ininfluenti per la sua attività sportiva. Nonostante abbia spesso pianto in pubblico, mostrando le sue emozioni senza filtri né costruzioni, negli anni Federica Pellegrini è stata una roccia e ha raggiunto obiettivi giganteschi da quando aveva solo sedici anni fino agli ultimi anni della sua attività agonistica, allorché si aggiudicò due Mondiali nei 200 stile libero, nel 2017 e nel 2019, fantastici e inaspettati, ma forse solo per chi non la conosceva bene.

Nella sua biografia ho ritrovato molti aspetti della mia vita e della mia carriera. I sacrifici costanti e indefessi a cui siamo chiamati ogni giorno, il corpo che cambia e si trasforma sotto i nostri occhi, le difficoltà fisiche e a volte psicologiche a cui andiamo incontro e che dobbiamo superare per poter dare il massimo nelle nostre prestazioni, e poi la perseveranza nel perseguire l'obiettivo, anche dopo una o più delusioni che frenerebbero un tir ma non l'atleta che abbia la voglia di consacrare il suo talento.

E proprio in relazione al talento, Federica scrive una cosa che mi ha fatto riflettere, e cioè che da bambina non aveva una spinta ossessiva verso il nuoto né una grande predisposizione tecnica o fisica, ma possedeva una dote naturale di cui il suo primo allenatore si accorse all'istante, ovvero sapeva galleggiare, restava a galla senza sforzi. Nel suo sport, saper galleggiare è solo uno dei requisiti e dei talenti che un nuotatore deve avere, forse nemmeno il più importante. Ci sono quelli che hanno una grande resistenza aerobica, oppure altri che hanno una meravigliosa fluidità nei movimenti o una potenza clamorosa da sprigionare in acqua. Federica Pellegrini sapeva galleggiare in maniera naturale e su quel talento ha poi costruito la sua incredibile carriera, diventando forse l'atleta donna più importante della storia sportiva del nostro Paese.

Ma come si riesce a costruire una carriera straordinaria su quell'unico anche se sensazionale talento? Se avete seguito la mia storia e quella di tanti altri atleti, capirete bene che una sola dote non basta, bisogna coltivare quello che Madre Natura ti ha dato e aggiungervi lavoro, lavoro e ancora lavoro per migliorare tutte le altre qualità necessarie per nuotare sempre più veloce nel caso di Federica Pellegrini, oppure tirare meglio di scherma, correre più veloce, colpire il bersaglio con maggiore precisione e nel mio caso boxare nella maniera migliore possibile. Si parte da una grande dote per poi costruire un atleta completo e, credetemi, serve davvero tanto per farlo a livelli massimi.

Riflettendo sulle parole di Federica Pellegrini, mi sono chiesto: «Ma io quale dote naturale sento di avere?». Ci ho pensato su, cercando di andare oltre quanto mi dicono da sempre i miei allenatori e le persone che mi sono vicine e sono arrivato a una risposta importante anche per il mio percorso futuro. La dote che sento di avere come naturale e quasi magica è la compostezza, qualcosa di cui chi guarda la boxe come semplice appassionato o magari per la prima volta non si accorge subito.

Essere composti nella boxe vuol dire avere sempre la giusta distanza dal tuo avversario, avere il giusto ritmo, riuscendo così a calibrare bene i colpi e soprattutto ad attivare i movimenti di testa e busto per schivare quelli dell'avversario. Inoltre la compostezza ti permette di scaricare colpi più forti, più evidenti e questo conta per la presa visione dei giudici, colpi più pieni, così da fiaccare la forza e in qualche modo anche la volontà dell'avversario. Inoltre, quando un avversario ti vede sempre composto inizia a innervosirsi perché capisce che non ti sta destabilizzando, non ti sta portando su un altro terreno, magari quello che aveva preventivato e sperato. Un pugile che resta composto è poi un grande spettacolo anche per il pubblico perché riesce a portare colpi belli da vedere, i cosiddetti colpi «che si sentono» e che fanno emozionare quanti ti seguono dal palazzetto o in televisione.

Questa compostezza naturale mi permette di essere sempre in equilibrio perfetto con il corpo e mi rilassa mentalmente. Ancora una volta corpo e mente si parlano e si scambiano informazioni e sensazioni.

Io non mi scompongo anche se un avversario mi si butta addosso o cerca in continuazione il clinch. Se resto in equilibrio i miei colpi arrivano più diretti e forti. La gente si esalta e spero che i giudici segnino i colpi, e intanto la mente si rilassa ed è pronta a reagire anche davanti a situazioni che possono complicarsi e diventare più ingarbugliate. La mia capacità di mantenere la calma in qualsiasi situazione mi si presenti davanti – e ne ho già viste di tutti i colori: avversari che si lanciano di testa manco fossero su uno scoglio al mare; che mi si avvinghiano al collo tirandomi giù come per decapitarmi più che per colpirmi; che mirano alle parti basse, e quando dico «basse» intendo proprio quelle basse-basse, dove il dolore lo senti ancora più forte – mi è riconosciuta da tutti e ne faccio un mio punto di forza per affrontare qualsiasi tipo di avversario.

Mantenermi composto e in equilibrio e restare calmo in ogni situazione mi porta poi a boxare con eleganza, e questo conta ancora tanto nel mio sport. Per fortuna tanti giudici non valutano soltanto i colpi che porti, la loro potenza e gli eventuali danni che crei all'avversario, ma sono anche attenti all'arte pugilistica, a quella che viene appunto definita «Noble Art», ovvero sapersi muovere con aristocratica eleganza mentre si sta facendo la cosa forse più selvaggia e cruda per una persona civile, ovvero cercare di prendere a pugni l'avversario. L'arte della boxe è nobile perché mischia le feci e l'oro, il sangue e la danza, il sudore e la bellezza, in un connubio quasi impossibile da far comprendere a chi non è mai salito almeno una volta sul ring.

La mia eleganza me la tengo stretta. Qualcuno mi ha detto che ho perso o messo in pericolo le vittorie di alcuni match proprio per la troppa eleganza, ma io vado dritto per la mia strada. Abbes dev'essere un pugile bello da vedere e allo stesso tempo concreto nella sua capacità di destabilizzare l'avversario. Questa per me è la boxe e ringrazio ancora una volta mamma, papà e quell'entità più grande che chiamo Madre Natura per avermi concesso la mia dote naturale. A galleggiare non sono un portento, ma a stare in equilibrio sul ring non sono secondo a nessuno.

38

Oro europeo nei pesi massimi

Un Campionato europeo Elite è un passaggio fondamentale per chi vuole arrivare in alto nel nostro sport. Non ci sono tutte le tensioni e le preoccupazioni di tornei come Mondiali e Olimpiadi e puoi incontrare avversari di grande livello con cui confrontarti. Allo stesso tempo, se sai di aver svolto una buona preparazione al torneo, durante un Europeo riesci anche a essere leggermente più tranquillo.

Grazie al lavoro certosino di mio zio, per fortuna arrivo sempre molto preparato a qualsiasi torneo, anche a quelli di rodaggio, per cui da questo punto di vista prima del 23 maggio 2022, giorno in cui iniziava il Campionato europeo Elite di Yerevan, ero tranquillo.

Yerevan è davvero una città molto particolare, capitale dell'Armenia, terra di grandi pugili duri come il marmo. Dal finestrino dei taxi o meglio ancora dei van con cui scorrazzavamo per la città, noi atleti impegnati nel Campionato europeo abbiamo intravisto una città molto diversa da quelle occidentali, un posto dove si integrano modernità e tradizioni millenarie, davvero interessanti da scoprire.

Come ho detto, gli atleti pur girando il mondo si limitano a visite superficiali e molti di essi si appuntano su un taccuino virtuale le più belle città in cui gareggiano, sperando in futuro di andarle a visitare con maggiore calma e concentrazione.

Infatti nei giorni che andavano dal 23 al 30 maggio la mia concentrazione era tutta per il torneo di boxe e il motivo era molto semplice da capire. Arrivavo da un argento mondiale, avevo vinto i Giochi del Mediterraneo e i Campionati dell'Unione Europea ed ero senza dubbio l'uomo da battere.

Essere il favorito di una competizione è un'arma da usare con tutte le accortezze del caso. Da una parte sentirsi il più bravo è la benzina dello sportivo. Chi fa sport deve sentirsi bravo ma soprattutto vuole che gli altri lo attestino. Siamo sempre su un filo sottile tra l'angoscia di chi perde e l'esaltazione di chi vince e avere dentro di sé l'idea di essere il vincitore designato fa molto bene. Tale consapevolezza ti fa camminare su quel filo immaginario con maggiore scioltezza, il che è importante se si vogliono confermare le attese.

Dall'altra parte la coscienza di essere il favorito di un torneo può farti accantonare dei dettagli, ti può far scivolare nella sciatteria del «non mi serve, sono più bravo». Il grande sportivo, e me ne sono accorto frequentando pugili e non solo, sa di essere il migliore ma è sempre all'erta, in un continuo stato di insoddisfazione. Anche se è arrivato in cima ignora se quella sia la più alta di tutte, anzi è inevitabile che ci siano altre montagne ancora più alte da scalare. E poi è sicuro che altri atleti sotto di lui stanno tentando la scalata e il posto in vetta è soltanto uno.

Con questa metafora alpinistica che fa molto *Cliffhanger*, inizio l'avventura degli Europei 2022 con il desiderio di sedermi su quella vetta e magari piantarci pure le tende.

Il primo avversario che incontro nel bellissimo Karen Demirchyan Sports & Concerts Complex (visto dall'alto sembra un ragno fermo nella pianura armena) è il francese Soheb Bouafia. Vinco per 5-0 e uso quel match soprattutto per prepararmi ai prossimi. Cerco di essere il più veloce possibile e lavoro molto con le schivate. Sono decisive e spesso millimetriche e quindi pericolose, ma mi permettono poi di riattaccare in maniera più precisa e portare colpi più evidenti.

Ai quarti di finale mi tocca il georgiano Giorgi Tchigladze, avversario difficile perché fisicamente poderoso ma anche molto agile. Decido di controbattere la sua agilità con una velocità di colpi ancora maggiore, per farlo andare fuori giri. Questa tattica mi permette di imporre il mio ritmo a un incontro che potrebbe scivolare lungo il corso preferito dal mio avversario e diventare più complicato. Entro molto spesso con il gancio destro e sento fin da subito che il pugile georgiano lo patisce, il che mi dà grande fiducia fin dai primi colpi. Affondo molto bene con delle combinazioni destro-sinistro e riesco sempre a sgusciare via nel momento in cui l'avversario mi tiene a tiro. Quando si porta un bel colpo si deve già immaginare la reazione dell'altro, senza mai rilassarsi. Anche nel pieno dell'azione il pugile pensa sempre a ciò che avverrà un attimo dopo, in una rincorsa continua fino al gong. Noi siamo obbligati a vivere nell'attimo successivo perché altrimenti subiremmo in continuazione la reazione dell'avversario ai nostri colpi. Attacchiamo ma abbiamo in testa la difesa, e viceversa.

Anche perché il pugilato è fatto di attimi in cui tutto può succedere. Ad esempio in questo match, dominato nelle prime due riprese, un colpo di striscio nella terza ripresa mi apre un piccolo taglio sotto l'occhio. Con un taglio del genere può accadere appunto di tutto, perché se la ferita non si tampona bene può diventare un problema e portarti addirittura alla sconfitta. Per fortuna in quel caso l'attimo mi è stato favorevole, la ferita era poco profonda e il match si è concluso con un meritato 5-0.

Arrivo in semifinale e devo affrontare un altro buon pugile, l'inglese Lewis Williams, che fra qualche settimana vincerà l'oro ai Giochi del Commonwealth. L'inglese mi pone problemi diversi rispetto al georgiano. Se l'avversario dei quarti, infatti, era di grande stazza ma anche molto rapido, questo pugile è più alto di me, più compassato, ma ha la possibilità di tenermi a distanza con un diretto sempre molto ficcante e pericoloso quando lo doppia con un gancio sinistro e poi un destro, a piacimento.

Con mio zio abbiamo studiato bene questa strategia usata dall'inglese nei match precedenti e deciso di attuare una controstrategia. Girargli tanto intorno, danzare a più non posso e attirarlo nel mio tourbillon, con l'intento di non farmi trovare quando lui affonda i colpi per tenermi lontano, e di togliergli il tempo di colpirmi quando poi parto io dalla media distanza. Trovandomi in quella posizione poi, molto vicino al corpo del mio avversario, non solo cerco di doppiare i colpi con combinazioni, ma anche di fiaccarlo mirando al corpo, così da non subire in maniera improvvisa una sua reazione.

Devo dire che fra le tante strategie pre-match elaborate con mio zio, questa è stata veramente azzeccata. Penso non mi abbia mai preso nell'arco di tutto l'incontro che ho letteralmente dominato con un 5-0 splendente come l'acqua di fonte. Bello quando il pugilato è così puro (e quando vinco io).

Ho raggiunto il mio obiettivo, la finale, dove fin dall'inizio immaginavo di affrontare il pugile contro cui in effetti mi batterò, lo spagnolo Enmanuel Reyes. Avete già letto il suo nome in questo libro perché in tanti snodi importanti della mia carriera ho dovuto affrontarlo e per fortuna mi è andata sempre bene.

Anche lui è un pugile più alto di me e ha un ottimo affondo, devo stare attento. Siamo molto tesi entrambi, tanto è vero che dopo una ventina di secondi di nulla, l'arbitro ci chiede di combattere e non traccheggiare. Il primo a partire sono io con un gancio destro largo che colpisce il volto dello spagnolo. Reyes in realtà è cubano, anche lui come me è tante cose insieme e anche nel suo caso questo lo aiuta molto. La scuola cubana ha dato al pugilato atleti fantastici, incredibili nella scelta del giusto tempo d'attacco, un tempismo che consente di mettere il colpo senza concedere il contrattacco. In questo caso bisogna anticipare, essere ancora più veloci di loro e cercare di entrare nella loro testa, per capire il timing delle loro scelte.

A 1'31" dalla fine della prima ripresa riesco a entrare nella sua guardia con un gancio destro potentissimo che lo manda addirittura a terra, scivolando sulle corde. È un colpo che mi dà grande fiducia e indirizza già questo primo round.

Dall'angolo mi gridano che mi sposto troppo e allora cerco di essere più stabile e di partire anticipando il suo attacco. Vado a segno con un altro potente gancio destro.

Nel secondo round ci incrociamo spesso ma non escono colpi secchi, schivo tante sue partenze ma non riesco a contrattaccare. Sempre a un minuto scarso dalla fine, però, riesco a mettere un bel gancio sinistro che lo stona: lui mi si aggrappa addosso dopo aver sentito il pugno. Non è un round esaltante perché mi scappa spesso e non riesco a chiudere una bella combinazione sulla corta distanza. Purtroppo ci sono anche gli avversari, mica stiamo giocando i numeri al lotto.

Prima del terzo round sento forte il grido «Italia, Italia!» e mi gaso ancora di più, voglio dare spettacolo.

Reyes sa di essere in svantaggio ed è costretto ad attaccare, ma io appena accorcia voglio anticiparlo. Ci riesco subito con un gancio destro, poi con una combinazione destro-sinistro, lo prendo e scappo, mi muovo, faccio un po' di shake, schivate nette con un movimento di busto. Gli ultimi trenta secondi sono fantastici perché lui mi aggredisce ma è più lento, io ancora velocissimo e lo colpisco sempre, non sbaglio mai. Finisce tutto con una mia mezza danza e in scioltezza, questo sì che è stato un grande round.

Vado al mio angolo e parte il coro: «Oh mama, mama, mama, oh mama mama mama, sai perché mi batte il corazón, ho visto Aziz Abbes, ho visto Aziz Abbes, eh mama innamorato son». Lo canto con loro, che goduria!

Vado al centro, vicino all'arbitro. Il coro non si ferma, anzi cresce di volume, ma lo speaker deve dare il risultato finale e allora mi tocca fare un gesto con la mano per calmare i miei tifosi, che ormai si sentono come al San Paolo al tempo di Maradona.

Si acquietano, l'arbitro mi guarda e sorride sotto i baffi, sono molto emozionato. Facciamo un passo avanti per il giudizio. Vero è che ho calmato i tifosi, ma ho una tale adrenalina dentro che non riesco a stare fermo e mentre lo speaker legge il verdetto prendendola parecchio larga, saluto e faccio gesti verso il gruppo di amici, tifosi e altri pugili che mi incitano. L'arbitro se ne accorge e mi scuote il braccio, facendo una faccia meravigliosa, di rimprovero buono, come quella delle maestre delle elementari quando iniziavo a fare troppo casino a scuola.

Dopo un discorso lunghissimo e almeno un paio di «*ladies and gentlemen*», finalmente lo speaker urla: «... *to red corner...*» e io alzo subito il braccio al cielo esultando con forza. Tiro fuori tutto con un urlo che sentono fino a casa, saluto l'angolo spagnolo, mi avvicino alla telecamera e devo dirlo: «Siamo tornati! Siamo tornati», indicando lo stemma dell'Italia. Un pugile italiano non vinceva il Campionato europeo Elite dal 1998, quando Giacobbe Fragomeni batté il bielorusso Sergey Dychkov. Ho letto il bel libro sulla vita di Fragomeni, una storia molto toccante, che spiega anche la sua grande voglia di rivalsa. Fragomeni è un pugile che mi ha ispirato, per cui sono molto felice di aver preso da lui il testimone ventiquattro anni dopo, vincendo tutti gli incontri per 5-0.

Dopo anni di vacche magre abbiamo una grande squadra che in quell'Europeo vince altre sei medaglie, cinque di bronzo e un argento, mentre le ragazze a ottobre dello stesso anno agli Europei di Budva, in Montenegro, vincono tre bronzi, un argento e un meraviglioso oro con Irma Testa.

È proprio così, siamo tornati e non vogliamo fermarci.

39
Come mi alleno

Tante persone, quando le incontro per strada o nelle palestre ma anche sui social, mi chiedono come e quanto mi alleno, come ho impostato l'intero lavoro tecnico e fisico della mia preparazione in questi anni.

Mi fa sempre piacere parlarne perché mi permette di spiegare i sacrifici quotidiani di un atleta e al contempo di dare anche delle dritte utili per la salute in generale.

Infatti, il primissimo punto su cui mi soffermo e che devo consigliare a chi legge questo libro riguarda l'alimentazione e il sonno, due elementi che talvolta vengono presi poco in considerazione quando si parla di allenamento.

Tutto parte invece dal riposo adeguato e dall'alimentazione corretta, e se non gestissi con attenzione queste due aree sarei fregato.

Mi sveglio dopo aver dormito almeno otto ore, mai meno. Faccio subito una colazione ben bilanciata, quindi con la giusta dose di proteine, grassi buoni, fibre, e fin da subito tanti liquidi perché il primo pasto della giornata deve servire a darmi la giusta forza per l'allenamento della mattina, che è principalmente fisico.

Finita la colazione, infatti, vado subito in palestra e inizio a lavorare con i pesi, in una serie di esercizi focalizzati o sulla forza massima e sulla potenza o sull'aumento della forza esplosiva-reattiva.

Per sviluppare la forza massima si lavora prima di tutto sui pettorali con il bench press, seguito da panca, squat e spesso anche vogatore. Tutto questo lo faccio in due ripetizioni per tre serie, con un minuto di recupero tra una serie e l'altra.

Finite le tre serie, mi concedo un recupero più lungo di tre minuti e poi faccio altri tre blocchi seguendo sempre queste sequenze. Alla fine concludo questa parte focalizzata sulla forza massima con tre blocchi, stando sempre attento alle indicazioni per il recupero che ho precisato prima.

Quando invece lavoro per aumentare la forza esplosiva-reattiva inizio con stiffness, che sono dei saltelli a piedi uniti, e squat jump, dei piegamenti sulle gambe, una sorta di mezzo squat ma continuo, con un'esplosione verso l'alto.

Per la parte superiore invece faccio i piegamenti, non vi voglio annoiare con le ripetizioni ma sappiate che è una fase molto lunga e ovviamente faticosa, mentre il lavoro di potenza per la parte superiore prevede girate e spinte in alto con il bilanciere con il quale utilizzo i beast sensor, ovvero un marchingegno, non saprei come altro chiamarlo, collegato al cellulare, che registra la potenza e la velocità espressa in quell'esercizio in un dato momento.

Terminata questa fase, inizia il lavoro sugli addominali e più prettamente di core. Dite la verità, siete un po' stanchi anche solo nel leggere tutti questi esercizi? Io nel farli mi affatico parecchio. E questo è solo l'allenamento mattutino.

Dopo questa prima parte infatti torno a casa, pranzo e riposo un'ora. Anche questo riposo è determinante per la forza fisica e anche per la freschezza mentale.

Poi il pomeriggio si riparte, ma questa volta lavoro sulla tecnica e la tattica con mio zio. Ci sono diverse fasi: prima di tutto il lavoro al sacco, poi quello in figure, fondamentale poi lo sparring sia tecnico che tattico, provando e riprovando le combinazioni, provando e riprovando le tattiche da utilizzare (e ho voluto scriverlo due volte *provare e riprovare*, perché davvero non finisce mai questo lavoro anche di automatizzazione di alcuni movimenti di attacco e difesa). Grande importanza da un punto di vista tattico diamo poi alle uscite laterali, alle schivate e il tutto diventa quasi un esercizio mentale prima che fisico. Questa fase dura circa un'ora e mezza perché deve essere ad alta intensità.

Dopo quest'ora e mezza a tutta velocità torno a casa, ceno e ho due alternative: quella che mi attira di più è sempre spalmarmi sul divano e guardare la tv, l'altra è raccogliere le energie residue per uscire con gli amici, ricordandomi però una cosa che sottolineo ancora una volta come decisiva, non fare troppo tardi perché devo dormire almeno otto ore.

Da un punto di vista fisico, l'atleta contemporaneo è il prodotto anche di sonno e alimentazione, mai dimenticarselo.

40
Ma qual è casa tua

Io adoro la musica, tutti quelli che mi seguono su Instagram e TikTok lo sanno benissimo. La musica è importante perché mi dà energia e allo stesso tempo mi rende più lucido, mi dà forza e mi sa calmare, mi fa ricordare le cose belle che ho vissuto e mi fa immaginare gli ostacoli che mi troverò davanti.

In poche parole la musica mi accompagna nella vita, come accade a milioni di altre persone.

Non parlo di musica a caso. Questi sono i giorni del Festival di Sanremo, un momento importante per la nazione e devo dire che un po' mi ci rivedo nei cantanti che devono affrontare quel palco. Sembra che stiano per salire su un ring come faccio io e perciò vorrei dire a tutti di farsi guidare dal flow e dallo show, proprio come capita a me.

Quest'anno era in gara un cantante che seguo con grande attenzione e passione, Geolier, ma a sorprendermi è stata anche la canzone di Ghali, *Casa mia*.

Ho la sensazione che questa canzone parli di me, di quello che sono, ma anche, ed è questa la grande capacità degli artisti veri, di tutti coloro che stanno leggendo questo libro.

Dopo averla ascoltata, viene da chiedersi: chi sono io? Ovviamente sono italiano, essendo nato e cresciuto qui. Ma sono anche marocchino, perché le radici di mio padre mi crescono dentro. Sono un ragazzo del Sud, svezzato da quest'aria e questo sole, ma anche un ragazzo dell'Italia intera, perché in ogni parte del Paese molti hanno fatto e continuano a fare tanto per me. Sono giovane e a volte commetto i classici errori di gioventù, ma ho fatto anche tante esperienze che mi aiutano passo dopo passo. Sono tante cose, siamo tante cose.

Penso che Ghali voglia dire questo con la sua canzone. Non possiamo ingabbiarci e ingabbiare gli altri in un aggettivo o in una definizione, siamo fatti di tante piccole cose messe insieme che hanno contribuito a costruire quella che Ghali chiama casa, che poi per me è ciò che sei davvero. Il verso «*Ma qual è casa mia*» secondo me significa che bisogna essere capaci di aprirsi agli altri, anzi che non si è niente senza gli altri. Forse non so spiegarlo, ma lo sento bene, ogni giorno della mia vita. Io sono tante cose, tutte mescolate dentro di me grazie agli altri, che hanno messo mattone su mattone per costruire una casa che non può essere soltanto mia, ma di tanti, di tutti. La porterò sempre con me questa canzone, mi fa riflettere e mi fa stare bene.

Anche se io tifavo per Geolier.

41
A Busto Arsizio da capobranco

Il 3 marzo a Busto Arsizio si svolge un torneo decisivo per tanti pugili, il preolimpico che noi italiani organizziamo e a cui arriviamo con la voglia di spaccare il mondo.

Ci sono tanti pugili azzurri in gara, amiche e amici che inseguono il sogno che io ho realizzato agli European Games vincendo quella gara così difficile. Nei primi giorni del preolimpico sono lontano con il corpo e con la mente da Busto Arsizio, voglio continuare ad allenarmi bene e a pensare a me, al mio percorso. Guardo solo i risultati degli atleti italiani e dentro di me cresce un orgoglio incredibile per quello che piano piano stanno facendo.

Poi verso la fine del torneo vado a Busto perché voglio esserci, e sostenere i pugili italiani. Se cercate in rete i combattimenti che, tra semifinali e finali di quel torneo, hanno disputato i pugili italiani, vedrete in alto, al centro dell'inquadratura, un tipo che si agita, salta, muove le mani, a volte boxa dando colpi all'aria. No, non è un pazzo appassionato di shadowboxing con la tuta dell'Italia: sono proprio io che cerco di sostenere a voce e in ogni modo possibile (anche immaginando di essere sul ring e questo, lo ammetto, fa un po' ridere) i pugili italiani impegnati sul ring.

Gli incontri dei pugili italiani e delle persone che conosco bene mi hanno sempre coinvolto. Questa volta però c'è qualcosa di più, un motivo che ho capito solo arrivando all'E-Work Arena di Busto Arsizio. All'entrata del palazzetto, sopra l'area di accesso da cui tutti devono passare, c'è una mia gigantografia: sono enorme, in maglia dell'Italia, mentre parto con un gancio destro.

L'effetto all'inizio è disorientante. Mentre mi avvicino al palazzetto e la mia immagine diventa sempre più grande, quasi non ci credo, sono davvero io quello che hanno scelto per dare il benvenuto a oltre cento atleti di tutto il mondo. Mi tremano le gambe per l'emozione, capisco di avere sulle spalle un peso enorme, uno zaino stracolmo delle aspettative che tutti ripongono su di me.

Quando ci arrivo sotto inizio a fare un po' di show, scatto un paio di foto con gli allenatori e i tifosi, mi faccio ritrarre mentre faccio lo stesso movimento, scarico un po' l'adrenalina e mi rassereno.

Una volta entrato nel palazzetto, tutto mi sembra più chiaro e mi cresce un travolgente desiderio di volere quello che sta accadendo, forse non so spiegarlo bene, sento di essere l'uomo giusto nel posto giusto, nel momento giusto.

Fin da quando ho iniziato a fare pugilato, ho sempre desiderato di vincere, di essere il numero uno. Non fai pugilato e non fai uno sport a livello agonistico se non senti dentro questo fuoco. Quell'immagine mi fa capire di essere il volto del pugilato italiano e di poter anche rappresentare il mio sport a un livello globale. Credetemi, è una sensazione ineffabile, un'emozione per la quale puoi soltanto iniziare a muoverti e a sorridere in maniera quasi inconsulta. Proprio come mi vedete fare sugli spalti di Busto Arsizio.

E poi provo un'altra sensazione. Mi sento un lupo, anzi il capobranco, e con questo nuovo ruolo che mi voglio assumere devo sostenere e guidare tutti gli altri pugili italiani verso le Olimpiadi e poi a Parigi.

Per fortuna tutte le ragazze e i ragazzi che danno l'anima a Busto mi fanno sentire un orgoglioso capobranco, e le meravigliose Sirine Charaabi, Angela Carini e Alessia Mesiano, insieme all'inaspettato e strepitoso Diego Lenzi, si qualificano per il sogno, che prima era solo mio, ma adesso è davvero nostro.

A fine torneo mi intervistano e sprizzo gioia da tutti i pori. Dico chiaro e tondo: «A Parigi andiamo tutti per vincere una medaglia!».

Da capobranco ci credo davvero, siamo pronti.

42
I miei riti prima di salire sul ring

Tutti noi pugili, anzi tutti gli sportivi, e forse perfino tutti gli esseri umani hanno dei riti, delle manie, piccole azioni che compiono prima di un evento capace di indirizzare la propria carriera e la propria vita.

Salire su un ring e sfidare un'altra persona non è una cosa da prendere alla leggera, anche quando per tutti sei il grande favorito. Bisogna essere sempre focalizzati e raggiungere il massimo grado di concentrazione e decisione.

Quindi meglio affidarsi ai riti, lo facciamo da secoli, perché dovrei essere proprio io il primo a esimermi?

Partiamo dalla sera prima dell'incontro, perché come sanno tutti coloro che hanno fatto sport, è il momento in cui spesso l'adrenalina raggiunge livelli difficili da gestire. Io nel giorno che precede il match mi sento in una sorta di paese dei balocchi e, nonostante i sacrifici che ho fatto per trovarmici, mi basta divertirmi.

La sera prima però mi piace stare solo, in camera, con le luci basse e le cuffie nelle orecchie. Mi metto lì, quasi sempre disteso sul divano o talvolta gironzolando per la stanza, e ascolto il rap napoletano. La mia playlist la troverete nel penultimo capitolo, quindi potete immaginare cosa ascolto mentre cerco di rilassare lo spirito e distendere la mente.

Mi lascio cullare da storie di amori finalmente arrivati al traguardo della felicità, di rivalsa, di affetti mancati, di cuori infranti e soprattutto di vita in cui mi riconosco. Quando ascolto queste canzoni mi rendo conto che intorno a me c'è una realtà che avrebbe potuto portarmi verso territori nerissimi. E in quel momento, a fior di labbra, un grazie a mio padre e mia madre, ai miei zii e ai miei amici mi scappa sempre.

A un certo punto spengo tutto e dormo tranquillo.

E arriva il giorno del match. Ecco che adesso sale l'adrenalina, e l'incontro lo sento davvero.

La prima cosa che faccio è togliere gli occhiali, perché sono presbite e voglio abituare l'occhio al ring, ai movimenti dell'avversario, alla velocità dei suoi colpi. Non so se ha un senso, ma ho sempre fatto così e credo sia giusto.

Poi prego. Sono di fede cattolica, i miei genitori non mi hanno mai indirizzato da quel punto di vista. Anche per quel che riguarda la fede e la preghiera, il posto da dove vengo influisce tantissimo. Ho visto vite salvate dalla fede in Dio, dalla voglia di essere diverso da quel che la società ha deciso che tu sia. La preghiera mi aiuta ad alleggerire lo spirito e a essere più vicino a mio padre.

Pregando riesco anche a essere più rilassato mentalmente e ad assegnare a tutto la giusta dose di importanza.

Prima di andare al palazzetto ho due riti da camera: innanzitutto mi faccio una doccia fredda, perché devo essere il più sveglio e vigile possibile. Oh, i cazzotti fanno male, meglio non prenderli! E poi mi preparo con grande scrupolosità il borsone, standо attento anche a non dimenticare gli integratori che dovrò assumere durante il riscaldamento e l'incontro. Quando tocco le canotte della Nazionale i brividi mi salgono lungo la schiena.

Chiudo il borsone e inizio a guardarmi allo specchio. Dovete sapere che i pugili sono molto vanitosi, d'altronde è uno sport in cui vuoi superare fisicamente l'altro e quindi il fisico bisogna metterlo in mostra. Guardarmi allo specchio mi motiva tantissimo, perché ammiro ogni muscolo che ho su braccia e petto e ne ricostruisco anche la storia. Questo qui sull'avambraccio destro lo devo alle ore e ore di pesi sollevati in palestra, questo sul gomito sinistro alle ore e ore di sparring, insomma guardo l'opera che mi sono costruito addosso, con la speranza che diventi un'opera d'arte per il pubblico quando sarò in azione. Dopo essermi semplicemente guardato, inizio a fare qualche combinazione, come se fossi già in scena. Mi vedo e mi percepisco veloce, e mi sento carico. Se non facessi questo mirrorboxing non arriverei così focalizzato al match.

Finita questa fase da macho, arriva quello che nessuno si aspetterebbe. Apro una busta di orsetti Haribo e li porto con me, mangiandoli nel tragitto dall'hotel al palazzetto. Eh sì, un pugile che si sfonda di caramelle gommose prima dell'incontro forse non era immaginabile, ma per me è così, un po' perché quegli zuccheri sono importanti, un po' perché gli orsetti Haribo mi piacciono un sacco.

Arrivato al palazzetto, vado verso gli spogliatoi e, con la bocca ancora impastata di gelatina colorata, inizio ad allontanarmi dal mondo esterno. Lo faccio mettendo di nuovo le cuffiette e la mia musica. In quei minuti, che possono essere tanti o pochi, io non sono su questa Terra. Sono in cerca di me stesso, del me stesso migliore, di quella versione di me che sappia mettere in pratica tutto ciò che mi è stato insegnato e in scena lo show che ho intenzione di offrire alla gente. È una fase di vuoto assoluto in cui essenzialmente navigo nella mia testa, con lo spazio intorno che si scolora e perde definizione, un viaggio fondamentale per poi tornare migliore di prima.

Ritorno alla realtà quando mio zio, con calma, mi dice: «Abbes, facciamo le fasciature». Vengo fasciato con grande attenzione e poi arriva un nuovo input: «Inizia a fare riscaldamento». Dopo queste parole entro in una nuova fase. Se prima sembravo uno sotto acido, lontano dal mondo esterno, ora entro in modalità combattente, il mondo esterno non solo esiste ma lo percepisco come se fossi un animale, raddoppiando la forza dei sensi. Un pugile deve usare tutti e cinque i sensi. Gli occhi per capire il tempo, il tatto per adeguarsi al corpo dell'avversario, le orecchie per ascoltare le strategie, il gusto per intuire quanta energia ha ancora in corpo, l'olfatto perché molto spesso dagli odori che si sprigionano sul ring si afferrano dettagli fondamentali. Avere i cinque sensi attivati al massimo grado è un grande aiuto.

Mi riscaldo con grande carica, continuo a motivarmi.

Poi viene il rito finale prima di salire sul ring. Mi giro di spalle. Prego in arabo. Prego per mio padre. Voglio che mi stia sempre vicino. Chiedo che continui a stare vicino alle persone che lo hanno sempre amato. Poi prego in italiano, per mia madre e le persone che mi accompagnano in questo percorso. Prego perché voglio renderli felici e orgogliosi. Arabo e italiano, siamo tante cose, nessuna esclude l'altra, questa la mia filosofia, anzi questa la mia vita.

Mi tocco tre volte il petto e ripenso a mio padre, mandandogli un bacio verso il cielo.

Vengo presentato. Grande salto con le ginocchia verso il petto. Salgo sul ring. Mi presentano, mi avvicino all'arbitro e all'avversario, ascolto le raccomandazioni, poi torno all'angolo, un pugno contro la mano di mio zio, un altro al sostegno, un ultimo bacio rivolto al cielo, sciolgo le braccia e sono pronto per combattere.

Per fare il mio show.

43
Mente e corpo

Il pugile è un animale a due facce, come tutti gli uomini d'altronde, anche se in noi si nota di più.

Quello che vedi subito è il corpo, sono i muscoli che guizzano, la potenza evidente quando osservi un bicipite o un pettorale. Lì si notano i nostri sacrifici al sacco, nelle sedute con i pesi, nei quotidiani sforzi che facciamo per arrivare al nostro massimo come atleti.

Poi c'è l'altro aspetto, più nascosto, che però in noi pugili molto spesso viene fuori in maniera chiara: quello mentale. Quanti pugili nella storia hanno avuto prima, durante e dopo la loro carriera problemi da questo punto di vista? Purtroppo tanti.

Fare il pugile ti impegna da un punto di vista fisico, ma ti stressa in maniera enorme da un punto di vista mentale ed è per questo che bisogna curare le due parti con la stessa, spasmodica attenzione. Non si può pensare di fare il pugile allenando soltanto il diretto destro: tutto parte dalla consapevolezza di te e di quel diretto destro, una consapevolezza forse difficile da spiegare ma intorno a cui ruota tutta la nostra carriera e in parte anche la nostra vita.

Uno dei fattori che mette più sotto pressione corpo e mente è il peso. Non c'è pugile, tranne alcune eccezioni nelle categorie più pesanti, che non veda il peso in generale e il taglio del peso in particolare con grande sofferenza fisica e angoscia mentale. In poche parole si potrebbe definire il taglio del peso come lo sforzo di diminuire la massa corporea pochi giorni prima del match, per poter così rientrare nella categoria in cui si gareggia. Se vogliamo andare più nello specifico, durante questa fase la massa corporea in pochi giorni deve perdere acqua, vi dev'essere una diminuzione del contenuto gastrointestinale, nonché la deplezione del glicogeno. In pratica per pesare meno bisogna sudare come degli ossessi ed eliminare una quantità di acqua assurda dalla massa corporea. Detta così sembra anche facile, ma difficile da fare in pochi giorni e con un match di pugilato che ti aspetta.

Combattendo nelle categorie più pesanti, non ho mai avuto grandi problemi a differenza di molti miei amici nel mondo della boxe. Loro sì che hanno fatto cose turche pur di rientrare nelle loro categorie, io ho semplicemente rispettato alla lettera le indicazioni alimentari che mi sono sempre state date, facendolo con una tranquillità mentale che non mi creava nessun disturbo. Ed ecco la mente, appunto. Avere il tuo corpo sotto controllo, anche da un punto di vista del peso, vuol dire essere concentrato non solo nelle ore di allenamento quotidiano, ma tutto il giorno, anche e a volte soprattutto quando ti siedi a tavola. Mantenere questa concentrazione non può essere uno sforzo, ma deve essere una regola di vita interiore che nasce dalla consapevolezza mentale di fare le cose giuste, le cose come devono essere fatte. Qui si saldano la mente e il corpo. La ragione e le emozioni ti guidano, il corpo esegue e non soffre.

Una stella che ti guida in quella che a volte è la foschia dei giorni monotoni di allenamento e sacrifici è ovviamente l'idea di fare tutto questo per poter gareggiare al meglio, per poter dimostrare di essere bravo sul ring. Senza obiettivi sarebbe una mezza follia.

Non sono un santo eh, assolutamente, anche io vorrei andare oltre il consentito, ma bisogna rispettare le regole, rispettando in questo modo sé stessi.

Poi, quando siamo molto lontani dalle competizioni e a casa mia girano struffoli, calzoncelli, uova di Pasqua e graffe, mi concedo di arrivare a quattro-cinque chili sopra il peso ammesso per la mia categoria, ma a partire da quattro mesi dal torneo o dal campionato da disputare, saluto gli struffoli e le graffe e mi concentro su quello che devo fare, con la serenità mentale di fare cose buone e giuste. In realtà fino alle ultime due settimane prima dell'inizio del torneo sono ancora sopra di due chili, per poi iniziare a gestirli con attenzione a ridosso del primo match. Pochi giorni prima faccio un piccolo calo peso, perdo gli ultimi liquidi per arrivare così al picco di forma.

Il grande insegnamento dei maestri è sempre stato di allenare il corpo vicino alla categoria di peso, non ci si può preparare con dieci-quindici chili di troppo e poi pensare di ridurre tutto nell'ultimo mese. Un calo del genere fa male anche alla prestazione, quindi è meglio guardarsi dal peso eccessivo tutto l'anno per non fare follie negli ultimi giorni.

Tornando alla mente, a differenza di tanti altri atleti, non ho nessuno che mi segue nello specifico. Non so se è una scelta giusta o sbagliata in generale ma a me in questo momento va bene così. Un po' perché mi piace riflettere da solo sulle cose che vanno bene e analizzare quelle che vanno male e poi perché c'è mia madre. Avere una madre come la mia, forte, l'aggettivo perfetto per descriverla, mi aiuta tantissimo. Con lei parlo di frustrazioni, difficoltà, dolori, paure, angosce, instabilità, desideri e lei per ogni sensazione che provo mi dice la parola giusta, quella che sento servirmi in quel momento.

Anzi a volte non le serve nemmeno parlare. Basta un suo sguardo e io capisco cosa cerca da me e cosa dovrei fare per uscire da uno stato di difficoltà. La connessione madre-figlio nel mio caso è così profonda da avvertire l'eco dei pensieri di mia madre quasi in ogni momento della mia vita. Questi pensieri sanno calmarmi, darmi la forza, proteggermi, aiutarmi, sostenermi, caricarmi. Vivo seguendo questo spartito di emozioni condivise e mi fa bene, tanto bene.

44
Il ring è libertà, non ve l'aspettavate, vero?

Altra dimensione su cui dobbiamo allenare la nostra mente è il saper essere creativi, piccoli inventori ma in uno spazio ridotto, delimitato da corde. Molti infatti pensano al ring come a una sorta di gabbia in cui due persone devono solo cercare di sopraffarsi. Una concezione che lo trasforma in una prigione dove non c'è nessuna libertà. Puoi muoverti in quella piccola area di 4,90 x 6,10 metri, ma non ti è concesso nient'altro che abbattere l'avversario per poterne scendere con il cuore felice.

Prima di fare pugilato anch'io la pensavo così, poi invece ho scoperto che ring vuol dire libertà e da quel momento mi sono davvero innamorato della boxe e dei campioni del passato che hanno esaltato questa espressione di libertà interpretata con i guantoni.

Prima di tutto sul ring si è liberi di scatenare la fantasia, di essere creativi. In un incontro di boxe non basta pianificare una strategia iniziale in funzione del proprio modo di attaccare e difendere, e alle proprie inclinazioni naturali. Nella boxe tutto viene studiato nei minimi particolari, conosci a fondo te stesso e gli avversari, eppure sul ring vince chi sa improvvisare, chi sa inventare il colpo fuori registro, chi applica la propria strategia predefinita e poi la sovverte, la trasforma, la elude, spesso sorprendendo sé stesso e poi il proprio avversario. Anche la difesa ha bisogno di una grande creatività. Ogni schivata è un piccolo capolavoro d'ingegno e fantasia. In un nanosecondo il pugile deve comprendere che colpo sta arrivando, capirne la potenza, riuscire a intuire anche eventuali colpi successivi, mappare i movimenti del corpo dell'avversario e solo in quel momento decidere il tipo di schivata necessaria per rispondergli e sorprenderlo.

Quando si vede tutto questo sul ring lo si dà quasi per automatico, come in una sorta di passo a due stereotipato, ma non è così, perché bisogna metterci tanta capacità d'analisi e fantasia, restando ben dentro quel brevissimo tempo di reazione. Se infatti quel nanosecondo in cui decidere diventano due, buonanotte, il colpo arriva.

Poi si è anche liberi di uscire dallo spartito. Ipotizziamo di aver impostato il match sulla corta distanza, perché il mio avversario è più alto di me e ha un buon allungo, che usa per tenermi lontano e colpirmi soprattutto con il diretto. Avversari del genere sanno che con loro vuoi utilizzare la corta distanza e ti anticipano sempre, colpendoti in maniera evidente soprattutto per i giudici che segnano poi il punto sui loro cartellini. Quando mi è accaduto, ho cambiato strategia in corso, inventandomi un nuovo modo di attaccare un avversario di quel tipo. Invece della corta distanza, ad esempio, ho iniziato a colpirlo al corpo, sempre di più, affinché abbassasse la difesa e mi desse maggiore possibilità di avvicinarmi senza essere bersaglio facile dei suoi colpi, oppure ho iniziato a usare di più il gancio destro anziché tenermelo buono per il colpo che fa male. Così facendo ho in un certo modo accelerato la ripresa, ho messo il mio avversario in ambasce perché si è sentito attaccato in maniera più evidente ed è stato poi lui ad avvicinarsi a me, scoprendosi sempre di più. Uscire dallo spartito non sempre funziona, ma nella faretra del pugile dev'esserci anche questa freccia.

Libertà sul ring poi vuol dire anche dialogare con il proprio avversario. Si tratta di un dialogo senza parole, come potete ben capire, che usa i colpi per svilupparsi, ma vi posso assicurare che è molto simile a un discorso rivolto a una singola persona o a un pubblico.

Mi sono diplomato al Liceo Scientifico dove ho studiato un po' di latino e, sebbene ormai abbia perso l'allenamento, ricordo i dettami della retorica classica su come strutturare un discorso e vi ritrovo molto di ciò che poi effettivamente applico sul ring.

Prima di tutto viene l'*inventio*, ovvero la ricerca e la scelta di idee per svolgere la propria tesi. La mia tesi è la strategia di attacco e difesa, devo inventarla da zero insieme ai miei allenatori tenendo conto dell'avversario che avrò di fronte.

Poi c'è la *dispositio*, che è molto affine alle fasi tattiche del match, soprattutto quelle all'inizio della prima ripresa, quando organizziamo il nostro gioco come si fa con gli argomenti di un discorso. Iniziamo a capire e far capire all'avversario come vogliamo impostare l'incontro e lo sviluppiamo poi in questo senso.

Poi viene la parte più creativa, l'*elocutio*, ovvero il modo in cui esponiamo la nostra strategia pugilistica, potremmo dire lo stile in cui boxiamo. Le idee sono la base dell'incontro, poi ci devi mettere il tuo modo di svilupparle, altrimenti tutto resta uno schema senz'anima.

Insieme alla creatività vengono la *memoria*, perché l'avversario viene studiato a fondo e ne dobbiamo sempre tenere a mente i punti di forza e di debolezza, e infine l'*actio*, ovvero l'azione vera e propria, in cui il corpo svolge tutto ciò che la mente ha elaborato, una messa in atto di strategia, fantasia, invenzione del momento, memoria e studio dell'avversario attraverso un colpo o una serie di colpi, una schivata, un movimento della testa o del tronco. Non è una cosa semplice, la boxe!

Restando sempre nella metafora della retorica antica, il pugile, oltre a svolgere il proprio discorso insieme all'avversario deve anche convincere un pubblico, quello nel palazzetto ma soprattutto quello ristretto dei giudici. Per questo motivo entrano in campo anche gli obiettivi dell'oratore: *docere et probare*, ovvero informare sulla propria bravura e convincere di essere migliore dell'altro; *delectare*, ovvero catturare l'attenzione con un colpo ben piazzato o una serie che si fa sentire e vedere; e *movere*, ovvero spingere il pubblico a esaltarsi, e i giudici a scrivere sul loro benedetto taccuino che quel colpo lo si è messo.

Quando saliamo sul ring, come avete visto, siamo retori che devono sviluppare un lungo discorso ma anche attori, e qui entra l'ultima dimensione della libertà di cui vi voglio parlare.

Seguendo Muhammad Alì e altri grandi pugili del passato che mi hanno ispirato, non riesco a non fare show sul ring. Ve ne ho già parlato perché voglio che diventi anche il mio marchio di fabbrica. Un pugile deve sentirsi libero di esprimere sé stesso attraverso la boxe, non può soltanto cercare di vincere e convincere i giudici. Voglio la libertà di muovermi, saltare, invitare allo scontro, stuzzicare il mio avversario per scoprirlo e colpirlo, ma voglio soprattutto eccitare il pubblico. Confesso che quando il pubblico inizia a urlare per un mio colpo o meglio ancora quando fa salire in alto il mio nome, «Abbes, Abbes», io non sto nella pelle, mi sento vivo come se il ring mi facesse rinascere, come se tutto quello per cui ho lottato fino a quel momento assumesse davvero un senso, un valore per me e per gli altri che hanno lottato insieme a me.

Un giorno ho letto una frase di Charles Bukowski: «L'anima libera è rara, ma quando la vedi la riconosci, soprattutto perché provi un senso di benessere quando gli sei vicino». Quando sono sul ring quest'anima libera io la sento e cerco di farla sentire anche agli spettatori, nella speranza che quel senso di benessere di cui parla Bukowski riesca a toccarli e a farli stare meglio, anche solo per il tempo di tre riprese.

45

Incontro a Madrid

Per interrompere la noia e anche per capire il mio presente, ovvero pesare il mio stato di forma a meno di cento giorni da Parigi, e il mio futuro, lottando con un professionista, a inizio maggio vado a Madrid per sfidare lo svizzero Uke Smajli all'IBA Champions' night.

Non vedevo l'ora di combattere, non lo facevo da ottobre e prima del match ero carico come una molla e sentivo l'adrenalina scorrermi nelle vene. Un vero pugile non riesce a stare troppo tempo lontano dal ring.

Perché ci attira così tanto? Rispondo per me. Io ho bisogno di fare spettacolo con il mio corpo, potete pure pensare male di me, ma non riesco a stare senza boxare, con il pubblico che mi guarda e si esalta.

Arrivato a Madrid, ogni istante è stato spettacolare. Il mondo del professionismo mi piace sempre di più perché proprio lo show vi gioca un ruolo essenziale. Durante la cerimonia del peso mi sono divertito un sacco nel face to face con il mio avversario, a osservare i suoi piccoli rituali. Per non parlare del match, quando tutti gli occhi sono stati puntati su di noi. C'è una grande differenza rispetto ai tornei per dilettanti, in cui si combatte spesso e in contemporanea con altri incontri, e quasi ci si perde fra le decine di atleti che gareggiano in diverse categorie di peso. Nel professionismo, anche se main event, sottoclou e altri match hanno diversa rilevanza, tutto è più incentrato sulla tua sfida e la tua performance e questo crea un'atmosfera meravigliosa per un atleta.

L'altra grande differenza riguarda il rapporto con il tuo sfidante. Nella boxe dilettantistica non hai un avversario specifico, sai chi sono i migliori della tua categoria ma nel corso del torneo ti può capitare qualsiasi avversario. In un incontro fra professionisti, invece, l'idea di sfidare un altro pugile è uno stimolo eccezionale. Me ne sono accorto quando ho incontrato gli occhi del mio avversario nel giorno del face to face. Mentre ci lanciavamo sguardi di sfida ho provato una sensazione che definirei animalesca, e fissandolo negli occhi ho dimenticato il mondo esterno. Due atleti che si sfidano e vogliono superarsi, per me una delle cose più belle dello sport.

Poi arriva il giorno del match e mi preparo come sempre. Tranquillità, beh diciamo celata serenità, neapolitan rap nelle cuffie fin dalla mattina e voglia di dare spettacolo. Nello spogliatoio, poco prima di salire sul ring mi sembra di accingermi a una sessione di sparring tanto sono rilassato e al contempo concentrato.

Poi finalmente suona il gong e per sei riprese va in scena lo spettacolo che mi aspettavo. Mi muovo bene e dopo venti secondi lo faccio contare con un gancio destro alla tempia, ma mi modero perché abbiamo deciso di fare tutte le riprese, provando in ogni ripresa un tema differente. Così è. Difesa con il corpo, buon utilizzo dei ganci, utilizzo intelligente dei piedi. Concludo il match con un «Ali Shuffle», giusto per ricordare il più grande. Che goduria!

Mi sono portato a casa innanzitutto la consapevolezza di essere forte e per un pugile, così come per qualsiasi atleta, questa è la base di tutto. Poi ho capito che la preparazione procede davvero nel miglior modo possibile.

Grazie a queste sei riprese posso ritornare alle tre dei dilettanti con maggiore intensità, volume e velocità nei colpi. Insomma mi sono accorto di stare veramente bene e sono quasi sicuro che a Parigi mi sentirò ancora meglio. Non vedo l'ora che questi due mesi passino in fretta.

46

Ma quanto è triste la boxe fuori da Los Angeles 2028?

Mi sto preparando per l'evento più bello della mia carriera, sono ancora giovane, lo so, ma sono anche convinto che gareggiare e cercare di vincere alle Olimpiadi sarà qualcosa che nella mia vita personale e nel mio percorso in questo sport resterà per sempre unico.

Ormai è un po' che penso queste cose, dato che come ho raccontato prima ho scelto il pugilato proprio per poter partecipare alle Olimpiadi, e non posso che provare sgomento per il progetto di escludere la boxe dagli sport olimpici a partire da Los Angeles 2028. Quando la notizia ha iniziato a girare non ci volevo credere, mi sembrava impossibile, oggi invece se ne parla in maniera sempre più insistente.

Sarebbe davvero terribile non vedere la boxe a Los Angeles e nelle successive Olimpiadi. Stiamo parlando di una disciplina che uno scrittore, Antonio Monda, ha definito «lo sport assoluto». Una definizione che mi trova d'accordo perché nella boxe c'è davvero tutto ciò che la competizione sportiva può offrire: l'incontro-scontro fra due persone, il desiderio di vincere, la strategia e la forza dell'essere umano, entrambe necessarie per arrivare alla vittoria. Non si vince di pura forza né di pura tattica, vince l'essere umano in quel momento più completo fra i due sul ring. Questo per me è lo sport.

Questo progetto penalizzerebbe anche la boxe femminile, che finalmente sta ricevendo le attenzioni che merita ed è l'ennesima e meravigliosa dimostrazione della grandezza delle donne. Inoltre va considerato che la boxe è da sempre parte integrante della competizione olimpica. Infatti, fin da Atene 1896, non è mai mancata nelle edizioni moderne, ma c'era anche nei Giochi antichi. Al Museo Nazionale Romano ho visto una splendida statua di un pugile greco in cui ho ritrovato tutte le sensazioni che noi pugili proviamo ancora oggi, a più di duemila anni di distanza. La boxe non deve scomparire dalle Olimpiadi, al solo pensiero mi piange il cuore.

Certo, i motivi per cui si è arrivati a questa ipotesi li conosciamo. Io ho assistito, anche «molto da vicino», a giudizi al limite dell'assurdo e dell'irrispettoso nei confronti del mio sport e della sua lunga storia. A volte è difficile sostenere lo sguardo di atleti che, dopo aver fatto enormi sacrifici, hanno dovuto subire verdetti ingiusti. Però il problema non si risolve eliminando la boxe dalle Olimpiadi, ma piuttosto modificando tutto quello che va corretto, e agendo in maniera profonda e netta sul regolamento.

A queste considerazioni si aggiunga che la prima Olimpiade senza boxe si terrebbe in una città in cui questo sport è diventato un fenomeno di costume, è praticato in tutti gli strati sociali ed è perfino leva sociale e politica.

La presenza della boxe a Los Angeles 2028 è un nodo che definirei sacro per i valori olimpici, e non si può pensare di scioglierlo con una firma in calce a un documento di poche pagine. La boxe a Los Angeles non solo dovrà esserci ma risorgervi, per tornare a essere quel fenomeno senza confini che è stata nel Novecento.

47
Quando il gong suona

Un giorno, mentre mi allenavo al sacco provando delle combinazioni e sudando tantissimo a causa dell'aria molto umida, mi si è avvicinato un ragazzo molto giovane che frequentava da poco la nostra palestra. Aveva una faccia liscia e le sopracciglia ben curate, si vedeva che non era ancora mai salito su un ring.

«Abbes, ti posso chiedere una cosa?»

«Dimmi» gli ho risposto, pensando che mi volesse domandare qualcosa sulla tecnica oppure qualche segreto inerente alla forma fisica o al peso da mantenere sotto controllo.

Mi ha guardato dritto in faccia e mi ha chiesto: «Ma che cosa si prova quando il gong suona?».

Non me l'aspettavo, sono rimasto interdetto per parecchi secondi mentre cercavo di elaborare una risposta che avesse un senso e richiamavo alla mente tutte le volte in cui mi sono trovato faccia a faccia con un avversario, ci siamo allontanati e poi è suonato il gong, dando inizio all'incontro.

Prima gli ho sorriso, poi l'ho guardato con un'espressione del tipo «Ma fra tante cose proprio questo mi dovevi venire a chiedere?», poi però gli ho risposto pressappoco quanto segue.

In realtà c'è un *prima* del gong di cui devo parlare, quando siamo faccia a faccia con l'avversario, quello è un momento mica da ridere.

Ti sei preparato per quel determinato incontro, conosci tanto del tuo avversario, non tutto però, perché altrimenti la boxe sarebbe una firma su un contratto, mentre è sorpresa continua. Sali sul ring carico a molla, ti presentano e mentre lo speaker declama i pezzi forti della tua carriera fino a quel momento, dici a te stesso tutto orgoglioso: «Azz, hai visto quante cose ho fatto fino a oggi?».

Poi l'arbitro vi chiama e ti ritrovi occhi negli occhi con l'avversario.

Che cosa devi pensare in questo momento? Non c'è una ricetta, ogni pugile ha la sua. Ne ho parlato con diversi miei compagni di allenamento e di Nazionale e ognuno ha il suo piccolo rituale. C'è chi fa la faccia cattiva per incutere timore, ma a me non piace, non mi sembra di avere una faccia troppo cattiva, poi l'altro si mette a ridere se faccio il Tyson. C'è chi invece guarda l'altro con completa indifferenza, muovendo il collo come per dire «Sbrighiamoci a fare 'sta cosa che alle due devo andare dal meccanico». C'è poi chi fa il filosofo e annuisce con la testa, come per annunciare che tra poco vincerà quella gara e continuerà il suo percorso nella boxe. Infine c'è chi guarda oltre la testa del proprio avversario, come quando dall'oculista leggi le diverse righe della tavola optometrica per capire se hai bisogno degli occhiali.

Io ho una mia tattica mentale, diciamo una mia piccola mania. Guardo negli occhi il mio sfidante ma con l'espressione di chi dimostra di aver capito qualcosa. Forse l'ho imparato al Liceo quando i professori mi interrogavano e io andavo in difficoltà su un argomento. Li guardavo con l'espressione di «tanto lo sai che io so, quindi soprassediamo su questa domanda».

In realtà quando guardo l'avversario negli occhi penso soltanto a dare il meglio di me e voglio fargli capire che sono andato lì per vincere, mica per giocare a freccette (dopo però possiamo anche andare, se vuole). I miei occhi devono fargli capire che voglio vincere a tutti i costi.

La cosa più importante di quel momento è quando leggo nei loro occhi la consapevolezza che stanno per incontrare Abbes, e io questo voglio. In quei tre secondi avverto se hanno un po' di timore, e su quello poi costruisco la mia boxe e il mio incontro.

Per farlo devo mantenere un'espressione molto seria, compita, non voglio dimostrare né aggressività né ovviamente paura, altrimenti sarei io a essere fregato subito, dimostro voglia di combattere e di essere migliore, rispettando chi è di fronte a me. Diciamo che ho la faccia di uno che invita qualcuno alla propria dimostrazione di bravura, non vuole farsi invidiare, ma forse un po' sì.

Devo riconoscere che questa faccia non fa paura a nessuno, me lo dicono anche i miei allenatori, però secondo me incuriosisce e ai miei avversari viene la voglia di capire se davvero sono così bravo come lascio intendere.

E poi arriva il momento di cui dicevamo all'inizio, il gong. Quel suono è un click, come quando al Palio di Siena cade la corda che trattiene i cavalli e tutto si scatena, tutto prende vita. Al gong diventi davvero te stesso, è l'attimo in cui dalla sorgente di fatica e sudore che ti ha portato fin lì sgorga un ruscello di acqua buonissima e tu non vedi l'ora di sapere dove sfocerà.

È essenziale però non farsi prendere troppo dal suono del gong, perché può avere un effetto deleterio sul match. Come vi dicevo, noi pugili arriviamo sul ring molto carichi, pieni di noi stessi, stracolmi di voglia di dimostrare il nostro talento. Molto spesso al gong l'energia che hai tenuto a bada con difficoltà straripa e parti troppo forte, senza per nulla attenerti alla strategia elaborata né dare ascolto a quello che gli allenatori ti dicono all'angolo. Il gong non è «liberate i cavalli e fateli galoppare per la collina», bensì «ci siamo, vai e torna vincitore».

Io lascio andare tutte le emozioni, ma ne tengo le redini e le incanalo verso una sola sensazione, il divertimento puro. È difficile immaginare quanto sia divertente fare pugilato, scambiarsi pugni e cercare di schivarli, è qualcosa di unico e così estremo da dare adrenalina e felicità in dosi massicce.

Il suono del gong è il più dolce per un pugile e questo è facile da capire. Il calciatore senza il pallone dopo un po' si annoia (e sono stato delicato nella scelta del verbo), l'arciere senza arco non può raggiungere il suo obiettivo, il giocatore di basket senza canestro ha una palla di cui non sa che fare, il pallavolista senza rete è un naufrago senza punti di riferimento. Ecco, il pugile senza gong è più o meno nelle loro condizioni, un uomo o una donna che aspettano quel suono per completarsi, per diventare davvero sé stessi.

Forse il ragazzo della palestra non se l'aspettava una filippica del genere, devo averlo tenuto lì inchiodato ad ascoltarmi per cinque minuti almeno! Mi ha guardato ancora una volta negli occhi, li ha socchiusi e ha detto: «*Ah vabbuò, agg' capit!*» e se n'è andato, lasciandomi al sacco con le braccia distese lungo i fianchi. Non so dire se mi ha davvero compreso oppure non ha capito niente e mi ha guardato come io guardavo i miei professori un tempo e i miei avversari oggi.

48
A Tashkent

Ancora una volta interrompiamo la monotona routine degli allenamenti siciliani per volare in Uzbekistan, nella sua meravigliosa capitale, Tashkent. Con me ci sono Salvatore Cavallaro, ormai compagno fedele di questo lungo viaggio verso Parigi e mio zio Gennaro, inseparabile come sempre, che segue entrambi da un punto di vista fisico e tattico. Insomma è una grande famiglia che gira il mondo cercando di raggiungere due obiettivi, il primo è quello di lavorare bene, il secondo è quello di divertirsi.

Ormai sapete che i pugili di quest'area del mondo sono davvero fantastici. Hanno grande forza, affiancata dalla capacità di tirare il colpo giusto al momento giusto. Io ho sempre ammirato i pugili armeni, azeri, kazaki e appunto uzbeki, perciò abbiamo approfittato subito dell'opportunità che ci hanno concesso di fare sparring con una delle squadre più forti del mondo.

I pugili uzbeki di tutte le categorie sono già qualificati per Parigi, il che dovrebbe bastare per spiegare il loro livello nel dilettantismo, e arriveranno alle Olimpiadi con la chiara voglia di portare a casa tante medaglie (Italia permettendo, s'intende).

Io e Salvatore iniziamo a fare sparring con i qualificati ma anche con gli altri pugili, e ben presto ci rendiamo conto di quanto il loro livello sia alto. Fasi di allenamento come questa fanno bene e servono sia al corpo sia alla testa. Al corpo perché facendo sparring con avversari di grosso calibro riesci a migliorare i colpi, le schivate e in generale i movimenti che devi fare sul ring. È come se mettessi insieme dieci allenamenti in una volta sola.

Poi servono alla testa per due motivi. Il primo è che solo con pugili di alto livello migliori la strategia e le tattiche necessarie durante un incontro. Se ti misuri con pugili nettamente inferiori e solo della tua stessa scuola pugilistica, tenderai a diventare anche tu monodimensionale. Affrontare in allenamento pugili cubani, americani, africani e appunto centroasiatici è utilissimo per capire il loro approccio al match e le strategie efficaci per disinnescare i loro piani.

Confrontandomi poi in maniera costante con Salvatore, abbiamo avuto la stessa sensazione, ovvero che questi incontri ci fanno sentire già in atmosfera olimpica. Siamo a Tashkent, tra la Madrasa Kukeldash e il *plov* (un piatto a base di riso che abbiamo assaggiato perché non troppo pesante) e ci immaginiamo a Parigi, tra la Tour Eiffel e le baguette (che magari assaggeremo lo stesso con un po' di cioccolata. Facciamo dopo la finale però). Anche questo serve per tenerci sulla corda.

49

Ci siamo, manca un mese

Oggi è il 26 giugno e manca un mese esatto all'accensione del braciere olimpico, al momento in cui molto probabilmente mi tremeranno le gambe e non penserò ad altro che al mio lungo percorso che mi ha portato fin lì.

Ci penso da un po', anzi per dirla tutta ci penso da sempre, e questo mi dà una spinta incredibile, benché non manchino i timori perché alle Olimpiadi non è concesso sbagliare.

Per cercare di spiegare cosa provo, anche se penso sia un compito improbo perché si tratta di sensazioni indescrivibili, tenterò di rispondere a qualche domanda.

Prendiamola larga così da arrivare al punto più vicino possibile. Innanzitutto, che cos'è un'Olimpiade? L'Olimpiade è una grande festa, un enorme party a cui sono invitati solo gli atleti migliori, quelli a cui vuoi assomigliare. Questa festa però può avere un finale amaro, sta a te e a quello che hai costruito raggiungere il traguardo sperato ed è da lì che nasce il timore.

Poi l'Olimpiade è anche una sorta di grande fiera dello sport, in cui questa grande invenzione umana che ci piace tanto dimostra il livello a cui è arrivata. Alle Olimpiadi tutti gli atleti più importanti, se non hanno avuto particolari problemi fisici, arrivano al massimo della condizione ed è per questo che molto spesso si sono viste gare meravigliose, prestazioni di livello ineguagliabile e innumerevoli record battuti. Alle Olimpiadi le donne e gli uomini della Terra (un domani chissà, magari gareggeranno anche gli alieni) corrono più veloci, saltano più in alto, sono più resistenti, sono più precisi e si sforzano più che in qualsiasi altro momento dell'anno. Già solo questo vale il prezzo del biglietto.

Ma l'Olimpiade è anche incontro con l'altro, possibilità di condividere esperienze che vanno oltre lo sport. In questi contesti riesci a capire le persone di altre parti del mondo, a volte anche molto lontane da te e dal tuo modello di vita e, comprendendole nel profondo, ne esci arricchito e fai il pieno di esperienze. Diciamo che i Giochi Olimpici sono una sorta di Bignami dell'uomo, di cui apprendi sfaccettature, culture, riti, tradizioni, modi di pensare, scelte dovute a contingenze storiche e sociali che hanno guidato la storia personale di ognuno, e capisci anche che non esiste solo il modello occidentale. Anche se non ci sono mai stato, credo che le Olimpiadi siano questo e non vedo l'ora di conoscere e condividere quanto più posso con altri atleti, non solo pugili e non solo italiani.

La seconda domanda a cui mi sento di rispondere è: «Che cos'è l'Olimpiade per un pugile?». La risposta richiederebbe un altro libro perché la boxe è parte dei Giochi Olimpici fin dalla loro nascita. I nomi nell'albo d'oro dei medagliati, ad esempio nei pesi massimi, fanno tremare i polsi: Joe Frazier, «Smoking Joe», il pugile dal sinistro più duro di tutti che ha combattuto con Alì tre match storici; George Foreman, l'uomo che ha sfidato Alì a Kinshasa ed è poi tornato sul ring non più giovanissimo dimostrando di essere un grande campione; i grandi cubani, Teófilo Stevenson e Felix Savón, pugili che conosco meno avendo visto meno video su di loro, entrambi vincitori per tre volte di seguito dell'oro olimpico, impresa che ne certifica il livello di eccellenza assoluta. Uno degli ultimi vincitori dei pesi massimi? Oleksandr Usyk, che non ha bisogno di presentazioni, essendo in questo momento il campione assoluto dei pesi massimi tra i professionisti.

Se poi allarghiamo un po' il raggio a chi è stato olimpionico in altre categorie, emerge gente come Volodymyr Klyčko, Roberto Cammarelle, Lennox Lewis, Floyd Patterson, Nino Benvenuti, Sugar Ray Leonard, Maurizio Stecca e tanti altri, senza dimenticare Clemente Russo, due volte argento nei massimi. Una lista, seppur molto parziale come questa, non può prescindere dalle Olimpiadi romane del 1960, quando la vittoria nei mediomassimi andò a un certo Cassius Clay, che pochi anni dopo avrebbe assunto il nome di Muhammad Alì. E il tremore ai polsi si trasforma in sudore freddo.

Il pugile che va alle Olimpiadi sa di dover partecipare allo stesso torneo in cui questi atleti hanno dato prova della loro grandezza. Questa consapevolezza se da un lato emoziona e regala una sensazione di benessere quasi incontenibile, dall'altro fa aumentare la tensione perché dimostra quanto il torneo olimpico possa cambiare la vita di un atleta e fare la storia, magari piccola, dello sport di un Paese.

Terza domanda a cui rispondere per spiegare il senso, per me, delle Olimpiadi: «Che cosa sono le Olimpiadi per Abbes?».

Prima di tutto sono le mie prime Olimpiadi e parlando con altri atleti in questi mesi, tutti mi hanno detto che la prima Olimpiade ti cambia, e non solo come atleta. Ti mette di fronte a tutti i tuoi limiti e le tue potenzialità e soprattutto ti regala emozioni che solo chi ha partecipato a un'Olimpiade può provare.

A un mese esatto dalla cerimonia d'apertura lungo la Senna, posso dire di arrivarci come atleta maturo prima di tutto da un punto di vista anagrafico, perché ho venticinque anni e sono nel prime del mio percorso. Poi vado a Parigi con alcune consapevolezze, alcune che mi sento tranquillamente dentro e altre invece che voglio siano mie, senza alcuna paura o falsa modestia.

Ho la consapevolezza di aver fatto un percorso corretto in questi anni, di essermi allenato con grande serietà e attenzione, di essere stato sul pezzo sotto tanti punti di vista e di essere preparato a tutto ciò cui una competizione del genere può sottoporti.

La consapevolezza poi che voglio con tutto me stesso supera anche queste premesse, perché io mi sento uno dei migliori della mia categoria e di essere l'uomo da battere. Alcuni mi diranno che approcciarsi in questo modo alla prima Olimpiade non sia corretto. Ma io invece voglio questo peso e lo saprò gestire perché i risultati degli ultimi anni dicono proprio questo, e i risultati in un certo senso sono scienza e come tali incontrovertibili.

Ovviamente avere questa consapevolezza non significa andare a Parigi in vacanza, scattarsi due foto sotto la Tour Eiffel, per poi recarsi al palazzetto per sbrigare la pratica della medaglia. Sono più che conscio di quanti e quali atleti di valore mi daranno filo da torcere durante il percorso olimpico. Solo per fare alcuni nomi, mi aspettano il cubano Julio César la Cruz, l'uzbeko Lazizbek Mullojonov, il brasiliano Keno Machado, ma sento di aver lavorato in maniera così precisa e dettagliata da essere pronto ad affrontarli, e quando sarò a Parigi sono certo che lo sarò ancor di più.

E infine non vedo l'ora di fare una passeggiata nel Villaggio olimpico, dove potrò incontrare i migliori atleti del mondo, i migliori tennisti, i migliori pallavolisti, i migliori velocisti. Sarà fantastico scambiare qualche parola e imparare da loro, che sono più avanti di me nel percorso di atleta, magari carpendo qualche segreto da portare sul ring o nella preparazione dei match.

Per farvi capire l'eccitazione all'idea di entrare nel Villaggio olimpico, lo posso paragonare al «Pianeta dei Campioni» di Dragon Ball, e quelli come me che hanno passato l'infanzia con Goku e gli altri personaggi del cartone, capiranno cosa intendo. Immagino il Villaggio olimpico come una dimensione parallela piena zeppa di campioni che si incontrano, si sfidano, si danno il cinque, si parlano e si abbracciano. Una sorta di paradiso dello sportivo, proprio quello dove mi piacerebbe stare per sempre.

Il problema si porrà quando in questo libro dovrò

descrivere tutte queste emozioni che per adesso riesco solo a immaginare. Come farò a commentare in qualche modo l'arrivo a Parigi, la cerimonia di apertura, le ore nel Villaggio olimpico senza essere sopraffatto da queste emozioni? Boh.

Tanto manca un mese, lo scopriremo presto.

50
I miei avversari

Come avete letto e leggerete in questo libro, il pugilato si gioca molto sulla concentrazione intorno alle proprie competenze, cercando da una parte di affinare quelle dove siamo già bravi e allo stesso tempo migliorare quelle in cui siamo carenti.

La boxe è prima di tutto un lavoro lungo, faticoso ed estremamente dettagliato su sé stessi, siamo noi al centro di qualsiasi allenamento, sessione di sparring ed esercizio, è il nostro corpo che deve essere più potente e flessuoso, il nostro braccio più forte e veloce, il nostro busto a saper incassare meglio i colpi e a danzare nella maniera più vorticosa possibile.

Focalizzandoci così tanto su noi stessi da un punto di vista fisico, anche la mente inizia a rivolgersi completamente verso l'interno, ed è per questo che tanti di noi prima del match abbandonano il mondo esterno. In quei momenti il pugilato è semplicemente un dialogo con il proprio spirito, con le proprie tensioni e timori, alla ricerca dell'energia mentale che poi verrà sprigionata dal corpo. Si pensa esclusivamente alle proprie sensazioni, lasciando perdere il contesto.

Però il contesto esiste ed è fatto dal palazzetto in cui gareggi, dal pubblico che ti sta intorno, da arbitri e giudici, ma soprattutto dagli avversari sul ring. Ah, ci sono anche gli avversari? Eh sì, ed è poi dall'incontro tra due pugili che in quel momento pensano prettamente a sé stessi che emergono la vittoria o la sconfitta.

A Parigi avrò tanti avversari, e tutti vogliono quello che voglio io, il che fa dell'avventura olimpica, un percorso pieno di difficoltà e ostacoli da superare.

Li voglio presentare perché se è vero che il pugile pensa soprattutto a sé, sono poi gli avversari a renderlo grande. Saremo sedici nella mia categoria, i 92 kg, i pesi massimi, tutti fior fior di campioni.

Non posso che iniziare da Julio César la Cruz, già oggi, anche se a Parigi viene atterrato dopo un secondo del primo round, una leggenda della boxe cubana e mondiale. Se andate a dare un'occhiata alla sua pagina Wikipedia vi accorgerete che vicino a tutte le competizioni a cui ha partecipato c'è il tag ORO con il rettangolo dorato. Ha vinto praticamente ogni torneo importante in cui ha indossato i guantoni, partendo dalle due Olimpiadi consecutive, quella di Rio de Janeiro nei mediomassimi e di Tokyo nei massimi, oltre ai tre Mondiali consecutivi nei mediomassimi dal 2011 al 2015 e ai due Giochi Panamericani a cui ha partecipato.

Come vi ho raccontato l'ho già affrontato in finale mondiale nel 2021, una sconfitta su cui ancora oggi si può discutere. Come si affronta una leggenda? Eh, non è mica una cosa facile. Prima di tutto non ci devi pensare, se ti soffermi sul fatto che lui sia già un monumento non hai alcuna possibilità. Ancora una volta devi pensare a te stesso e fare tutto al meglio possibile. Lui è un gatto, mentre sembra che stia schivando, parte con il suo destro che arriva sempre a segno. Una finale con lui sarebbe da antologia, ma solo se la vinco però!

Dopo il mito, un gruppo di pugili centroasiatici tutti molto pericolosi. Iniziamo dall'uzbeko Lazizbek Mullojonov, sceso dalla categoria supermassimi e bronzo agli ultimi Mondiali. Ha vinto anche i Campionati asiatici, un torneo durissimo nella boxe e intanto ha disputato anche quattro incontri da professionista, vincendoli tutti per ko tecnico. Quando ti si piazza davanti con il suo fisico gigantesco ti oscura completamente la visuale e sembra ipnotizzarti. Però ti devi svegliare presto, altrimenti sono guai.

Nel gruppo dei grandi pugili centroasiatici c'è anche il kazako Aibek Oralbay, che vi ho già raccontato di aver affrontato nel primo match dei Mondiali 2023 (e che mi sembrò di ritrovarmi di fronte prima di realizzare che si trattava del fratello gemello). Lui è cresciuto molto e mentre Mullojonov vinceva i Campionati asiatici nei supermassimi, lui li vinceva nei massimi. Negli ultimi incontri in cui l'ho visto, mi è sembrato molto migliorato sul piano della velocità e con lui imporre il ritmo fin dall'inizio sarà essenziale.

Poi c'è il tajiko Davlat Boltaev, altro pugile molto difficile da affrontare qualificatosi ai Giochi Asiatici del 2022. Non ha un grande fisico ma è estremamente flessuoso. A dispetto delle sue origini si muove come un cubano. E a proposito di cubani, a Parigi potrei incontrarne addirittura tre. Oltre al già citato La Cruz, c'è colui che mi accompagna spesso nelle semifinali e finali che contano, ovvero lo spagnolo Enmanuel Reyes, che è nato a L'Avana e di cui già conoscete tutto perché vi ho raccontato diversi incontri con lui (poverino, secondo me gli fischiano le orecchie), ma anche l'azero Loren Alfonso Domínguez, anch'egli nato nella capitale cubana. Che l'Azerbaijan scelga un cubano per rappresentare il suo pugilato nei massimi significa che l'atleta è fortissimo e i risultati lo testimoniano. È stato bronzo nei mediomassimi a Tokyo (ha perso solo contro il cubano di Cuba Arlen López, poi medaglia d'oro) e oro agli European Games 2019. Ha vinto poi i Mondiali sempre nei mediomassimi battendo avversari che ritroveremo a Parigi. È un pugile che mi intriga molto perché non lo conosco benissimo, non avendolo mai affrontato, e poi perché è guardia mancina come me. Gli incontri in cui l'ho visto mi sono piaciuti tanto, è un grande pugile e devo capire come superarlo (se me lo trovassi davanti).

C'è anche un altro asiatico con cui devo fare i conti, è il cinese Han Xuezhen, qualificatosi negli stessi Giochi Asiatici di Boltaev, contro cui perse in finale. Era stato impostato fin dall'infanzia per la sanda, una sorta di pugilato cinese, ma alla fine ha deciso di dedicarsi alla boxe con ottimi frutti. Ai Mondiali del 2023 si fermò agli ottavi solo davanti a Muslim Gadzhimagomedov, che poi batté anche me in finale.

Un pugile che voglio ammirare a Parigi perché mi stuzzica parecchio è il brasiliano Keno Machado. È un classe 2000, velocissimo e di enorme intelligenza tattica oltre che dotato di una tecnica superlativa. A Tokyo l'ho visto nei mediomassimi, dove ha perso di pochissimo contro la medaglia d'argento, il britannico Benjamin Whittaker. Sarà complicato per tutti affrontarlo.

Parlando di britannici, a Parigi ci sarà Patrick Brown, che ho visto all'opera a Busto Arsizio, dove si è qualificato per le Olimpiadi. È un bel pugile, quadrato e tosto come tutti i britannici, caratteristiche messe in mostra anche dal georgiano Georgii Kushitashvili, atleta di grande esperienza. Tra gli europei ci saranno anche il belga Victor Schelstraete, bronzo nei mediomassimi ai Mondiali del 2023 e il polacco Mateusz Bereźnicki, mobile e potente nei colpi, il quale mi ricorda la qualificazione olimpica nella semifinale degli European Games, e infine l'irlandese Jack Marley, il pugile che ho battuto in finale proprio in quel torneo.

I due avversari potenziali di cui so di meno sono il nigeriano Olaitan Olaore, da quel che ho visto molto attivo sul ring (e la tradizione nigeriana parla per lui e per il suo sicuro talento) e il samoano Tupuola Seua'i Ato Leau Plodzicki-Faoagali (sì confesso, ho copiato e incollato da Wikipedia), che ha già partecipato alle Olimpiadi di Tokyo e ha vinto l'argento ai Giochi del Commonwealth del 2022.

I miei avversari sono tutti forti, tutti possono vincere la medaglia d'oro, ma quella medaglia la voglio io. Quindi, come ci organizziamo?

Al di là degli scherzi, l'unica cosa che posso fare è studiare decine di strategie differenti con cui affrontarli perché ognuno di essi ha peculiarità uniche e con nessuno posso pensare di vincere usando una strategia efficace con un altro pugile. Pensare a come batterli utilizzando idee e pensieri miei e dei miei tecnici è il più grande complimento che possa fargli.

Quando leggerete questo libro saprete se queste strategie hanno funzionato, quali sono stati i miei avversari, le sorprese delle categorie e le conferme. Insomma saprete tutto e avrete vissuto già la mia, la nostra avventura. Signori del futuro che conoscete il risultato, siete fortunati. Noi sedici siamo qui a macerarci, sperare e pregare, tutto per quella medaglia di 529 grammi d'oro.

51
In Romania

Come avrete capito noi pugili, come gran parte degli sportivi di alto livello d'altronde, siamo nomadi in perenne movimento. Nel nostro percorso di avvicinamento all'appuntamento olimpico, ci è venuta fin dall'inizio l'idea di fermarci con gli allenamenti continui, così da testare il fisico e la mente nelle diverse fasi della preparazione.

Dopo l'Uzbekistan e la sua meravigliosa scuola pugilistica, io, Salvo (che ormai avete imparato a conoscere perché mi sta accompagnando in questo percorso) e altri cinque pugili della Nazionale italiana, tra cui Diego Lenzi (il nostro supermassimo che alle Olimpiadi vuole stupire) andiamo a Târgu Mureș, in Romania, per il Golden Bet, torneo interessante per vedere all'opera anche alcuni avversari di valore. Sono incontri che sappiamo essere soprattutto di rodaggio, per togliere un po' di polvere dalle articolazioni dopo giornate intere passate ad allenarsi. Un pugile vuole il ring, e io ne avevo bisogno dopo la bella prova di Madrid.

Esordisco contro il moldavo Zaplitnii, sto molto bene sebbene le molte ore di allenamento si facciano sentire soprattutto verso la fine del match. Vinco per 5-0 e sono contento per le sensazioni che ho avvertito. Mi tocca la finale ma non mi fermo, continuo con gli allenamenti perché non posso frenare ora anche se devo salire sul ring.

Come in altre occasioni, anche qui trovo il padrone di casa in finale, in questo caso Hoca. All'ultimo atto con me arrivano altri cinque compagni di squadra: Irma Testa, Alessia Mesiano, Giordana Sorrentino, Salvo e Diego Lenzi, i quali vincono tutte le loro sfide. Avrei mai potuto lasciarli soli? Vinco contro un buon avversario e questa volta voglio la ciliegina sulla torta. Il verdetto è ko al primo round, so mettere colpi che possono fare male fin da subito. Tutti noi della Nazionale ci riuniamo e festeggiamo solo per qualche ora, perché la preparazione continua. Ben presto ognuno torna a concentrarsi sul programma di allenamento e su ciò che da questi incontri è emerso non essere ancora a posto. È stato l'ultimo torneo internazionale prima di Parigi, ora la corsa accelera davvero.

52
Italiani a Parigi

Sono sempre stato molto vicino alle vicende delle ragazze e dei ragazzi della Nazionale, ogni volta che ho partecipato ai ritiri di Assisi o abbiamo fatto insieme una trasferta per qualche incontro di preparazione o per un torneo, ho sperimentato il senso di comunità che si crea fra di noi, orgogliosi di indossare quella canotta e di rappresentare il nostro Paese e anche timorosi, perché le due cose vanno sempre insieme, di fare brutta figura quando sei non semplicemente te stesso ma anche una parte del movimento pugilistico di una nazione e addirittura un piccolo ambasciatore della tua patria.

Insomma, quando siamo in ritiro o in qualche parte del mondo per combattere ci facciamo forza a vicenda e cerchiamo in tutti i modi di aiutarci, parlando del nostro stato di forma, degli avversari da incontrare, dell'obiettivo sempre lì pronto da afferrare e anche dei fatti nostri, perché siamo ragazzi con le nostre vite a volte ingarbugliate che cercano il loro posto nel mondo anche quando si tolgono i guantoni.

La squadra di boxe che andò a Tokyo era formata soltanto da quattro ragazze, Irma Testa, Giordana Sorrentino, Angela Carini e Rebecca Nicoli. Non succedeva da centouno anni che almeno un rappresentante maschile della boxe italiana non fosse presente alle Olimpiadi. Questo fatto forse insignificante per la società italiana ma importante per il nostro sport, io lo considero da una duplice prospettiva. Da un lato la delusione personale per aver saltato le Olimpiadi, dall'altro l'affermazione prepotente della boxe femminile in Italia. Le ragazze avevano finalmente un palcoscenico nella più importante manifestazione internazionale e potevano anche far parlare delle loro vite e dei loro immensi sacrifici, spesso perfino maggiori dei nostri. Per almeno un mese si parlò di Irma, Giordana, Angela e Rebecca, all'inizio come una stranezza – ma guarda, adesso anche le donne fanno pugilato! –, senza sapere che la boxe femminile ha una lunga storia e noi abbiamo atlete fantastiche, ma poi sempre più per i loro meriti.

A Tokyo, infatti, la nostra squadra non andò solo per firmare il registro presenze. Giordana Sorrentino si fermò agli ottavi contro la fortissima atleta di Taiwan Huang Hsiao-wen, poi medaglia di bronzo; a Rebecca Nicoli il sorteggio andò anche peggio, perché dovette affrontare sempre agli ottavi la campionessa irlandese Kellie Harrington, che poi vinse la medaglia d'oro della sua categoria; Angela Carini nei welter perse di un niente contro un'altra rappresentante di Taiwan, Chen Nien-chin; e a dare ulteriore lustro alla nostra spedizione ci pensò Irma Testa, che sconfisse avversarie di grande valore come la russa Liudmila Vorontsova, l'irlandese Michaela Walsh, la canadese Caroline Veyre, per perdere poi contro una forza della natura, la filippina Nesthy Petecio. Tuttavia Irma era riuscita a raggiungere la semifinale, conquistando così la prima storica medaglia del pugilato femminile.

Un'altra conseguenza positiva di cui mi accorsi subito fu la fame che aggredì noi pugili maschi. Volevamo anche noi quello che avevano ottenuto le nostre compagne e avremmo fatto di tutto per raggiungere Parigi in forze. Fin dai primi tornei postolimpici, tra noi azzurri ci dicevamo che la successiva edizione non doveva sfuggirci e per alcuni di noi è stato proprio così.

Chi si è qualificato quindi per le Olimpiadi di Parigi e che gruppo andremo a formare in vista del più grande appuntamento della nostra carriera? Richiamando alla mente una poesia dei tempi della scuola, posso dire che siamo tanti, siamo giovani e forti… e siamo un branco di lupi affamati di medaglie. Dopo i giorni di Busto Arsizio, dove mi sono sentito una sorta di capobranco desideroso di dare forza ai pugili italiani, non vedo l'ora di essere con tutti loro nel Villaggio olimpico e di dimostrare sul ring il livello della boxe italiana.

Ma voglio dedicare un po' di spazio a ognuno, perché li ammiro e faccio un tifo sfegatato per loro.

Iniziamo con Salvatore Cavallaro, il mio fratello di ring con il quale mi sto allenando per l'appuntamento olimpico. Salvatore parteciperà nella categoria degli 80 kg e non è l'ultimo arrivato. Nelle categorie giovanili ha vinto tanto e nell'Elite è arrivato al bronzo mondiale a Belgrado nel 2021, quando io ho conquistato l'argento. Anche lui è riuscito ad accaparrarsi il pass olimpico agli

European Games del 2023, vincendo i quarti di finale contro l'olandese Gradus Kraus. La gioia di saperci già a Parigi con un anno d'anticipo è indescrivibile, ma si è moltiplicata ogni volta che da allora ne abbiamo parlato immaginandoci su quel ring. Ci siamo raccontati così tante volte quello che accadrà alle Olimpiadi che ci sembra di averlo già vissuto. Il soprannome di Salvatore è «Occhi di Tigre», il che dovrebbe bastare per spiegare che pugile è. Aggressivo, coraggioso, mobile e talentuoso, lo ammiro tanto anche per la capacità di soffrire in ogni allenamento.

La squadra dei maschietti questa volta è composta addirittura da tre componenti, perché l'altro pugile che sarà con noi a Parigi è il supermassimo Diego Lenzi.

Diego lo conosco meno perché è più giovane di me (beato lui) e abbiamo avuto poche occasioni per stare insieme in ritiro, ma proprio in questi mesi ho scoperto un pugile e un ragazzo fantastico.

Diego è una forza della natura, esplosivo e concentrato al massimo dal primo all'ultimo secondo del match. È un ragazzo che sa davvero quello che vuole. L'ho ammirato fin da subito per la sua determinazione e poi ancor di più dopo aver scoperto la sua storia. Come per tanti altri pugili sommersi dai problemi quotidiani, prima di tutto di natura economica, anche per lui fare boxe è stato difficile. A diciannove anni, non avendo raggiunto tutti gli obiettivi che si era posto, aveva lasciato il ring e iniziato a lavorare prima come operaio in fabbrica e poi come cuoco (vediamo se nel Villaggio olimpico ci scappa uno spaghetto fuori dal controllo dei nutrizionisti!). Un giorno si è guardato allo specchio e si è detto: «Tra dieci anni vuoi questo dalla tua vita?». È tornato ad allenarsi, è risalito subito sul ring e guardate adesso dov'è. Quella di Diego è una bella storia perché racconta le difficoltà che dobbiamo superare ogni giorno e soprattutto la forza di volontà necessaria per inseguire un sogno. Un po' come tutti gli emiliani che ho incontrato e un po' come tutti i supermassimi, anche Diego ha un certo grado di follia. Mi ha raccontato di aver sempre sofferto di vertigini e per superare questa paura non ha scelto, ad esempio, di passeggiare in sicurezza su un ponte basso, ma di buttarsi direttamente da un aereo con il paracadute. Se non è una terapia d'urto questa…

In fondo per un atleta alto «solo» 1,85 per circa cento chili di peso ci vuole un pizzico di follia per salire sul ring contro colossi enormi, spesso alti anche due metri e più pesanti di lui. Ma Diego non ha paura di niente e punta dichiaratamente all'oro olimpico. Ha affrontato tutti i migliori pugili della sua categoria e sa che può rendergli la vita difficile.

Poi ci sono le ragazze, anche questa volta in forze grazie alle cinque atlete qualificate, un risultato che migliora addirittura quello di Tokyo.

Non posso cominciare che da Irma Testa, mia corregionale, e stella della boxe italiana tout court. Di Irma si conosce già molto perché è stata la prima pugile donna a qualificarsi alle Olimpiadi, la prima a vincere una medaglia olimpica ed è il volto del nostro sport. La sua storia è fantastica perché è la storia di un'intuizione geniale, di un'idea sostenuta fino in fondo. Come racconta anche nel suo libro, Irma a dodici anni decide di entrare nella palestra «Boxe vesuviana» di Torre Annunziata. Il maestro Lucio Zurlo ascolta la sua idea, cioè di allenarsi per diventare pugile e la caccia letteralmente via, dicendole: «*Nun è cos pe' te*». Lei ci prova una seconda volta, sempre con lo stesso risultato. Non contenta, Irma insiste anche una terza volta e il maestro, quasi scioccato da tanto coraggio, le dice: «Tieni una settimana di tempo e poi combatti già, o dentro o fuori». Irma sale sul ring e inizia a volare, come la farfalla che è diventata il suo simbolo.

E la farfalla è il simbolo perfetto per Irma, perché ha un'eleganza ineguagliabile, una capacità di colpire in velocità che solo poche altre possono vantare. Mi faccio ispirare da lei perché anch'io voglio avere il suo stile sul ring, ma volare come fa lei è davvero difficile.

Se Irma Testa è l'eleganza, Giordana Sorrentino è la furia, e il suo soprannome «Caterpillar» illustra bene questa sua caratteristica. Anche lei entra in palestra intorno ai tredici anni, e lo fa per due motivi. Il primo è che vuole seguire le orme del fratello Michael (nonché del nonno paterno e del cugino, entrambi ottimi pugili), e il secondo è che si fa male a un ginocchio mentre pratica pattinaggio a rotelle e decide di cambiare sport. Una scelta drastica passare dal pattinaggio alla boxe!

Non passa molto tempo e inizia a mietere successi. Nel 2022 ha vinto i Giochi del Mediterraneo, gli Europei under-22 e il bronzo agli Europei Elite. Giordana è una scheggia impazzita sul ring, capace di portare colpi a ripetizione senza stancarsi mai.

Storia del tutto diversa ma allo stesso modo da raccontare è poi quella di Sirine Charaabi, a cui non posso non sentirmi legato anche per le comuni origini nordafricane. Nata in Tunisia, si trasferisce a soli diciotto mesi in Italia insieme alla madre e alla sorella per ricongiungersi con il padre che lavorava nel nostro Paese. Cresciuta a San Prisco in provincia di Caserta, ha frequentato l'Istituto tecnico economico-sociale «Leonardo Da Vinci» di Santa Maria Capua Vetere, e a fare pugilato ha iniziato e ancora oggi la puoi incontrare presso la «Tifata Boxe» del maestro Perugino, un grande coltivatore di talenti, capace di issare uno dei suoi figli, Antonio, fino alla cintura di campione mondiale dei pesi medi.

Insomma Sirine è italianissima e casertanissima dalla testa ai piedi, eppure per la legge vigente sulla cittadinanza ha dovuto attendere i diciotto anni di età per indossare la nostra canotta. Si qualifica per Europei e Mondiali giovanili ma non può andarci, una delle delusioni più terribili per un atleta. Sai di meritare quel posto ma non un infortunio, che si può sempre mettere in conto, bensì un articolo di legge ti impedisce di combattere. Difficile spiegare cosa si sente dentro davanti a un'ingiustizia del genere.

Poiché nel nostro mondo ci sono molti italiani di seconda generazione che invece sulla carta non sono italiani fino ai diciott'anni, spesso ne ridiamo insieme quando incontro ragazzi di origini ghanesi o turche che parlano il dialetto napoletano meglio dei napoletani «doc»: «Ma scusa, fatti dare almeno la cittadinanza campana, per quella De Luca non si fa problemi». Ne ridiamo ma sotto sotto è un problema che bisogna risolvere: non si può impedire a un atleta di rappresentare l'Italia solo perché il padre e la madre sono nati in altri luoghi di un mondo iperconnesso come quello contemporaneo, mi sembra una fesseria gigantesca. Comunque oggi un foglio di carta testimonia quello che per tutti era ovvio: Sirine è italiana a tutti gli effetti. E a Parigi vuole stupire.

Ciò che adoro in lei è la capacità di restare sempre lucida per attaccare di rimessa, di non fermarsi mai nemmeno davanti a colpi molto duri e di contrattaccare con il tempo giusto. Questo suo timing serve molto per impressionare benevolmente i giudici.

Altra corregionale, cresciuta tra Afragola e Piedimonte Matese, è Angela Carini. Angela è l'atleta uscita meno bene dalle Olimpiadi di Tokyo ma adesso ho visto nei suoi occhi una nuova consapevolezza, si sente matura per sostenere il peso olimpico ed è una ragazza che può davvero tutto quando lo vuole. Angela infatti ha conquistato gli ori europei e mondiali giovanili e due argenti nella categoria Elite sempre agli Europei e ai Mondiali. Stiamo parlando quindi di una grandissima atleta, alla quale mi lega anche un'altra storia. Anche Angela, come me, ha perso il padre e tanto di quello che sta facendo e farà nel mondo della boxe e non solo lo vuole dedicare a lui.

Il padre di Angela era un poliziotto che mentre era in servizio fu ferito da un colpo di pistola. Si salvò per miracolo ma dovette vivere il resto dei suoi giorni su una sedia a rotelle. Angela ha stretto un rapporto fantastico con il padre, ed è stato lui a iniziarla alla boxe, un po' come ha fatto mio padre con me. Entrambi sentiamo questa forza straordinaria che ci spinge a provare di tutto per vincere sul ring, e quando la guardo combattere sul quadrato mi ci riconosco perché ha la mia stessa forza di volontà, la mia stessa inscalfibile voglia di provarci ancora una volta, senza perdersi d'animo.

Purtroppo le Olimpiadi di Tokyo coincisero con un peggioramento delle condizioni del padre di Angela, che pochi giorni prima del suo esordio entrò in coma. Già il solo fatto di averci provato ne fa una leonessa, anzi come certifica il soprannome «Tiger», una tigre. Lo ha detto anche lei dopo essersi qualificata per Parigi. Ha mostrato sul cellulare l'immagine di suo papà e ha detto, riportando le parole del padre: «"Angelina, un campione che combatte è come un ciclista che quando vede l'ultimo chilometro pedala con ancora più forza e velocità, quando lo vedi l'ultimo chilometro vai sempre più forte." Così ho fatto. Sono andata avanti fino alla fine e ho combattuto con il sangue agli occhi». Facciamo insieme quest'ultimo chilometro Angela.

E infine, *last but not least*, Alessia Mesiano, la nostra capitana, la nostra sorella maggiore. Ha qualche anno più di tutti noi e ti basta guardarla allenarsi per avere un'idea dell'intensità che ci devi mettere per essere al suo livello. Mi è capitato di rado di vedere un coraggio e una grinta come quelli di Alessia, doti che dimostra anche fuori dal ring promuovendo il nostro sport. Per anni, o potremmo dire da sempre, boxe e donne sono state viste in maniera molto precisa: o eri la partner di qualche grande pugile oppure la ragazza che scandisce la fine dei round con un cartello numerato. Stop. Ragazze come Alessia, Irma, Giordana, Angela, Sirine e tante altre hanno invece fatto capire che la boxe non è uno sport di genere, anzi che non ne esistono affatto perché determinazione, talento e passione non dipendono dal sesso.

Mamma mia che squadra ragazzi, davvero non sto nella pelle e mi chiedo cosa combineremo a Parigi. Siamo fortissimi, lo capisco dall'esperienza che tutti ormai abbiamo raggiunto e anche dai tornei affrontati in questi anni.

Sì, mi sento il capitano e la faccia al maschile di questa grande squadra e vogliamo davvero tutti la stessa cosa: sentire l'inno di Mameli con la mano sul cuore. Quel momento lo sogniamo tutti e vogliamo che accada.

Quando leggerete questo libro, conoscerete già i risultati dell'Italia nella boxe. In questo momento, a meno di un mese dalla competizione, vi chiedo solo questo: continuate a seguirci e sostenerci anche dopo, l'Olimpiade non fa terminare una carriera e non deve lasciare in ombra atlete e atleti che fanno tanti sacrifici per competere in nome dell'Italia. Non so quel che succederà a Parigi, ma il cammino poi continua.

53
Il momento magico dello sport italiano

Sono sempre stato un grande appassionato di sport in generale, ho seguito il calcio a cui in Italia non puoi sfuggire, ma quando c'era un evento speciale di qualche altro sport, per non parlare delle Olimpiadi, ero sempre il primo davanti al televisore per cercare di vivere le emozioni che i campioni in gara mi davano.

Ricordo alla perfezione le grandi vittorie di Valentino Rossi e della sua omonima Vezzali, che faceva incetta di medaglie alle Olimpiadi e ai Mondiali; mi ha appassionato la storia di Niccolò Campriani, il quale riusciva a vincere di testa in uno sport difficilissimo come il tiro a segno; per non parlare poi degli sport da combattimento con momenti di tifo sfegatato per Cammarelle e Russo, e i judoka Basile e Giuffrida; e poi altri grandi campioni come Viviani, Paltrinieri, Cagnotto, l'incredibile Federica Pellegrini. Insomma in Italia negli ultimi anni siamo stati abituati molto bene, ma sembra poco rispetto a ciò che potrebbe accadere alle Olimpiadi di Parigi.

Quando leggerete questo libro saprete già com'è andata, quante medaglie abbiamo vinto e la nostra posizione nel medagliere. Nell'ultimo anno tutti coloro che gravitano intorno a noi atleti, soprattutto i giornalisti e non tanto gli addetti ai lavori perché sono più scaramantici, continuano a sussurrarci l'obiettivo cinquanta medaglie per l'Italia, un traguardo più che storico se pensiamo che a Tokyo, soltanto tre anni fa, abbiamo già raggiunto il record per la nostra nazione con la conquista di quaranta medaglie complessive, di cui dieci d'oro.

Riusciremo in questa grande impresa? Bella domanda, a cui io in questo momento rispondo di sì, senza preoccuparmi della scaramanzia e delle aspettative alte da non spifferare al mondo.

Ce la faremo perché in alcuni sport abbiamo dei talenti davvero incredibili. Ne vorrei citare qualcuno, anche perché guardo le loro gare con grande passione e interesse, li stimo smisuratamente e alcuni di loro li ho anche incontrati.

Chi oggi al mondo ha un nuotatore come Thomas Ceccon? Con la sua leggerezza innata sembra nuotare senza sforzo, volando a pelo d'acqua. Una vera gioia per gli occhi. E poi quanta eloquenza e capacità di gestire pubblicamente le tensioni! Un'altra dote innata che mi avvicina ancora di più alla sua storia.

E chi vanta atleti come Gimbo Tamberi e Marcell Jacobs? Il primo è una forza della natura. Sembra che raggiungere un obiettivo non gli basti mai perché fa di tutto per prepararsi al meglio per quello successivo, e lo dimostra dove serve di più, ovvero in gara. Ammiro molto anche la sua capacità di allenare il corpo per renderlo più leggero e flessuoso possibile. Ammirazione che nasce dal fatto che anche noi pugili, mentre scolpiamo letteralmente il nostro corpo per renderlo più potente, al contempo dobbiamo allenarne la flessuosità per evitare i colpi e caricare al meglio quelli che vogliamo portare.

Marcell Jacobs ha vinto la gara più iconica delle Olimpiadi, battendo da outsider i favoriti all'oro. Cosa si può aggiungere sull'uomo che è stato e spero sia ancora l'uomo più veloce al mondo?

Quel 1° agosto 2021 per me resterà indimenticabile grazie alle vittorie di Gimbo e Marcell. Tutti ci ricordiamo dove eravamo e cosa stavamo facendo, il che accade per pochissimi eventi che hanno segnato la nostra storia.

Se restiamo nel regno dell'atletica, mi piacciono tantissimo anche i volti nuovi, come Mattia Furlani o Leonardo Fabbri, capaci di migliorarsi praticamente ogni volta che scendono in pedana per il salto in lungo e il getto del peso. Questa capacità di fare sempre un passo avanti la sento molto mia e credo sia il percorso quasi obbligato per chi vuole fare sport ad alti livelli. Fermarsi non è concepibile, guardare avanti, al prossimo centimetro da conquistare nel loro caso, è il principio numero uno.

Non seguo con grande attenzione il ciclismo, ma come dimenticare l'incredibile rimonta di Filippo Ganna e dei suoi compagni nel quartetto azzurro per conquistare la medaglia d'oro nell'inseguimento a

Tokyo? Altro momento clamoroso di cui tuttora è difficile parlare senza emozionarsi.

Seguo invece con maggiore piacere il volley, uno sport in cui entrambe le nostre squadre sono fortissime. La Nazionale femminile con Velasco in panchina e Paola Egonu in campo fa sognare, così come quella maschile. E quant'è intelligente Simone Giannelli? Favoloso.

Nelle ultime settimane, grazie a un progetto molto bello con uno sponsor, ho conosciuto Sofia Raffaeli, atleta della ginnastica ritmica. Non sono certamente un esperto ma posso assicurare che la sua capacità di coordinazione motoria è qualcosa di spaventoso. Se l'avessimo noi pugili potremmo partire con delle combinazioni così veloci e precise da vincere tutti i match per 5-0. Inoltre quella sua coordinazione assoluta deve anche abbinarla a un oggetto con cui fare passi di danza complicatissimi. E pensare che io a volte mi impappino già con le serie!

Poi, come dicevo, sono sempre stato un fan delle atlete e degli atleti che praticano sport di combattimento. Pugili a parte, di cui conosco le storie e le vicende, mi appassionano molto i judoka e anche a Parigi ne schieriamo di interessanti. Assunta Scutto è più o meno delle mie parti, la terra che ci ha dato la spinta è la stessa e non vedo l'ora di capire se riuscirà (e altrettanto vale per me) a superare i timori della prima Olimpiade e a brillare come sa fare. Poi con lei abbiamo l'intramontabile Giuffrida, Manuel Lombardo che vuole rifarsi dopo una brutta Tokyo, Alice Bellandi… insomma nel judo siamo messi molto bene.

Così come non possiamo lamentarci del taekwondo. Conosco per averli visti in azione sia Simone Alessio che Vito Dell'Aquila e di entrambi ammiro la grande compostezza nei movimenti. Nella boxe spesso l'avversario la mette in baruffa e in quei momenti i colpi si danno e si prendono, e non sai mai i giudici cosa stiano segnando sui loro cartellini. Si tratta di una fase dell'incontro in cui so cosa fare ma che mi piace poco. Nel taekwondo, soprattutto quando gareggiano due campioni come i nostri due italiani, i colpi li vedi chiari, evidenti, belli, sono pensati e portati con forza, precisione e determinazione, ed è una soddisfazione per gli occhi e anche per la pancia vederli arrivare così nettamente. Resterei ore a guardare un loro combattimento senza stancarmi.

Non seguo con grandissima attenzione la scherma, uno sport che all'Italia ha dato sempre grandi soddisfazioni, ma sento che Tommaso Marini nel fioretto potrebbe diventare un grande personaggio, sportivo e non solo. Ha i numeri e fa lo show giusto in pedana per diventare veramente grande. Un po' quello che vorrei fare anch'io sul ring e vedremo se Parigi mi darà la grande visibilità che cerco e voglio, insieme alle vittorie ovviamente. Senza quelle non vai da nessuna parte.

A Parigi poi ci sarà anche Jannik Sinner, che si merita qualche riga a parte. Sarebbe davvero bello se riuscissi a incontrarlo nel Villaggio olimpico e a scambiare due parole con lui. Sinner oggi è «l'atleta» per definizione. Per troppi anni, inquinati soprattutto dai modelli proposti dal calcio italiano, abbiamo pensato che l'atleta fosse semplicemente un ragazzo dal grande talento, da mettere in gioco sul suo campo d'elezione e nella vita, fregandosene di disperderlo. Jannik Sinner invece ha mostrato al grande pubblico che l'atleta degli anni Venti è un concentrato di applicazione, serietà, determinazione e classe, tutto in dosi massicce. Allenamento, gestione del proprio corpo, serietà nei comportamenti insieme a creatività e classe fanno di Sinner l'esempio da seguire oggi. Spero che si faccia tesoro degli insegnamenti di un ragazzo che ragiona in maniera totalmente differente rispetto ai tanti sportivi che abbiamo visto in questi anni, e per questo motivo vince come nessun italiano ha mai fatto.

Ci sarebbero poi tanti altri atleti che ammiro profondamente per tutto quello che hanno vinto e soprattutto per la loro costanza di rendimento, come Jessica Rossi nel tiro a volo, Tita e Banti nella vela e così via, ma confesso che delle loro gare ho visto poco e questa pecca mi porta a parlare del grande problema che viviamo in Italia per quel che riguarda gli sport considerati «minori».

Oggi siamo tutti eccitati all'idea delle cinquanta potenziali medaglie olimpiche. Perfetto, vuol dire che siamo una potenza sportiva fra le prime al mondo. Ma quanti di voi in questi tre anni hanno visto almeno una gara degli sport che saranno alle Olimpiadi e molto probabilmente ci porteranno una medaglia? Questo vale anche per me, non faccio il moralista, perché siamo tutti sulla stessa scialuppa.

Che le cinquanta medaglie arrivino dipende da così tanti incastri che è impossibile ragionarci sopra, ma quello che già oggi è un traguardo enorme per il nostro movimento è aver qualificato per Parigi 2024 almeno un rappresentante per ogni disciplina olimpica, con l'eccezione di alcuni sport di squadra.

Ogni federazione sportiva italiana ha almeno un rappresentante alle Olimpiadi ed è una vittoria gigantesca, anche perché alcune di esse hanno una vita brevissima, certe sono nate o hanno inglobato le nuove discipline praticamente l'altro ieri eppure sono riuscite a portare un atleta a Parigi.

È la dimostrazione che io e gli altri atleti italiani abbiamo una voglia matta di portare in giro per il mondo il tricolore e di vederlo sventolare su uno dei tre pennoni (meglio quello più in alto) al momento delle premiazioni. Vogliamo vincere e vogliamo vincere per l'Italia. Ripeto ancora una volta, non è becero nazionalismo ottuso, ma volontà di esportare il nostro vero made in Italy, i valori che ci hanno fatto grandi e lo sport ne rappresenta un veicolo semplice da comprendere per tutti a tutte le latitudini.

Oltre a questo, abbiamo fame di vittorie anche perché mangiamo sempre troppo poco. Fuor di metafora, in Italia il calcio si prende tutte le attenzioni e noi, che invece vinciamo e facciamo grande il nostro Paese, dobbiamo accontentarci delle briciole. Il pubblico e i media italiani ci seguono e parlano di noi solo se raggiungiamo un grande obiettivo mondiale o se facciamo un'Olimpiade che resta negli annali. Per il resto dell'anno tutti pensano al calcio d'angolo che doveva essere tirato di destro e non di sinistro, al movimento del terzino che ha fatto segnare il centravanti oppure, la cosa peggiore di tutte, all'arbitro che ha indirizzato la partita.

Si dibatte del nulla mentre noi altri atleti sprofondiamo nella categoria che ci è stata affibbiata, ovvero la «minorità». Sì, lo dico ad alta voce, i nostri sono sport minori perché pochi si interessano di noi, pochi vengono a vedere le nostre gare, pochissimi parlano di noi mentre facciamo sacrifici immensi per portare a casa le vittorie.

Quando vinciamo però non siamo più minori, ma olimpici. E sia, chiamateli pure sport olimpici, ma dateci la giusta attenzione anche quando quelle due settimane ogni quadriennio sono lontane e noi diamo l'anima per arrivarci e provarci.

Questo vale a maggior ragione in un momento in cui il calcio italiano è ai minimi storici, con la Nazionale che agli Europei è stata bruttissima. In questi anni siamo noi degli sport olimpici a risollevare l'umore sportivo (e non solo) della nazione, anche se non ci viene riconosciuto il giusto merito. Questa situazione, che in realtà dura da sempre, forse proprio per la pochezza del calcio italiano attuale ci sta dando una spinta in più, e anche così mi spiego la grande onda dello sport azzurro.

Il calcio italiano è poca cosa e allora in noi cresce la voglia di dimostrare di essere grandi perché pensiamo che, vincendo, tutti si interesseranno di più a noi e in altre ragazze e ragazzi nascerà la voglia di imitarci.

Dopo questa carrellata di sportivi che adoro e aver sputato un rospo che tanti come me hanno in gola, aggiungo solo che nessun atleta di alto livello può disprezzare le altre discipline sportive, impossibile resistere alla loro attrattiva anche se effimera. Un atleta ama lo sport in generale ed è per questo che in Italia la prima cosa da fare è proprio praticare molto di più le discipline sportive a tutte le età, il che poi può far appassionare a sport diversi dal calcio.

Vedremo se una cinquantina di medaglie riusciranno a smuovere qualcosa.

54
Neapolitan rap

La boxe e la musica hanno sempre avuto un legame speciale, ricordo ad esempio l'amicizia di Mike Tyson con Tupac, che fu ucciso poche ore dopo aver assistito a un incontro di Iron Mike. Molto probabile che il legame riguardi il ritmo. La boxe è tutta basata sul ritmo: uno, uno-due, combinazione uno-due-tre, bisogna seguire un flow per poter colpire l'avversario e portarlo a scoprirsi. E poi la musica ti fa muovere in maniera fluida, ti fa danzare per schivare i colpi degli avversari senza perdere equilibrio. Per quanto mi riguarda, la musica, oltre al ritmo, mi serve sia per gasarmi sia per rilassarmi, perché spesso le parole che gli artisti usano mi toccano, parlano di me e della mia storia.

A me piace tanto il rap napoletano, sia quello «storico» dei Luchè, Ntò e Lele Blade, sia quello contemporaneo di Geolier, Mv Killa, Enzo dong, Vale Lambo e Yung Snapp. Li snocciolo senza problemi perché fanno parte della mia vita di tutti i giorni.

Questi ragazzi vengono dalla strada, conoscono quello che i giovani della mia terra vivono quotidianamente e lo mettono in musica senza filtri. Vero che, come tanti altri rapper di oggi, parlano delle marche, dei soldi e del potere come unico mezzo di affermazione e riconoscimento sociale, ma la strada verso il successo loro l'hanno percorsa tutta, partendo da situazioni non facili.

Geolier mi ricorda i posti in cui sono cresciuto e vivo tuttora, mi fa capire da dove vengo. Il verso *Tu ca' 't domand chi song, no sacc' manc' ij* è perfetto per me. Sono marocchino, sono italiano, sono meridionale, sono del Nord, chi sono io? E chi lo sa, nemmeno io lo so e questa è la mia grande ricchezza, come dico sempre.

Oppure quando parla della mamma, del rapporto che tanti di noi hanno con madri che non vogliono mai farci andare via: *Mammà t'o giuro ca si sto bbuon' te penso / Ca si ppe te mò songo 'o piccrill' e semp / Ma chest si rurasse mo foss cchiù bello / Nepotm 'm guard, pe isso so n'esempij*, ma alla fine ci guardano con quel misto di orgoglio e bontà capace di farci spostare le montagne.

Parla di me anche quando descrive il fatto che per arrivare dove siamo e dove vogliamo arrivare c'è bisogno di sacrifici incredibili. I versi *Chist nun me sapev, mo me sap / Mo sap a Geolier, che capat / Geolier faticav pa mesat / Nisciun ric chell ca passat* dicono proprio questo, ovvero che mentre prima nessuno lo conosceva, ora è davvero strano che tutti sappiano chi sia, senza però che si rendano conto del percorso affrontato per arrivare lì, per arrivare sulla bocca di tutti. O anche in *Vittoria*, la canzone in cui si guarda indietro per capire chi c'era nei momenti bui e chi invece c'è adesso.

Geolier scrive: *Cierte cose 'e saccio ancora nun 'e perdo grazie a gloria / Sto ccà 'ncoppa grazie a mmé, nun aggio maje ditto grazie a loro / 'Sti scieme nun ce stevono / Ma tanto songo 'e stesse ca me dicono ce stevono*, proprio per sottolineare come gli amici veri e le persone che ci sono sempre state non verranno mai sostituite dai nuovi amici attirati dalla fama.

Luchè mi ha sempre affascinato, i suoi testi sono carichi di emozioni e uno su tutti *D10S*, che ovviamente parla di Maradona, parla anche a me, quando dice: *Sei sicuro che vorrai una vita imperfetta ma importante / E faresti ciò che fai se nessuno ti guardasse / Correrò per me, correrò per noi / Correrò per me, correrò per noi.* Io voglio correre per me, come mi diceva sempre mio padre, ma anche per lui.

Mv Killa, Enzo dong e Yung Snapp sono più giovani e descrivono un mondo che talvolta ho visto, ma spesso mi hanno raccontato e quando sento: *Stasera t'he spiso tutt' 'a mesata. T'ha dato 'o palo pure chella 'mbriaca. 'O buttafuore te tene puntato. Tuorne a casa, ma c'he cumbinato?*, un po' ci rido su anche perché tanti amici hanno fatto questa fine.

E quando mi sveglio dopo una giornata di allenamento tostissimo, nella testa ho sempre il verso che fa: *Stammatina je nun me soso, nun me firo*, perché veramente è una fatica solo alzarsi dal letto.

Poi mi piace tanto il punto di vista sulla sua città e sulla società di Ntò, altro rapper storico che con Luchè negli anni Novanta aveva fondato i Co' Sang. Frasi come: *Questi sono così poveri che hanno solo i soldi*, *Vedi come piangi, hai scelto il tuo cammino, è una lotta impari tra volontà e destino*, oppure *O saje comm funzion, a menzogn non è sul finzion!* mi smuovono qualcosa dentro.

Alla fine è tutta una questione di sensazioni. I versi di queste canzoni parlano alla mia anima e mi servono per tenere la mente rilassata e concentrata. E poi sono un ragazzo degli anni Venti, questa è la nostra musica e questo il nostro tempo. Vivere il presente è la cosa migliore che un ragazzo possa fare.

55
Cosa faccio adesso?

E adesso? Il primo capitolo di questo libro l'ho intitolato «La cosa peggiore possibile» perché quello che mi è capitato alle Olimpiadi crea problemi enormi anche al mio percorso futuro.

Io mi ero fatto già il mio bel piano: una medaglia olimpica, il professionismo, la crescita in quel mondo, il tentativo di diventare un grande pugile nella categoria dei più grandi. Tutte cose molto difficili, ma veder sfumare la medaglia come è successo a me, fa veramente male (a tratti fa anche ridere. Indovinate un po' chi ha vinto a mani basse la medaglia d'oro nella mia categoria? Ovviamente Lazizbek Mullojonov, l'avversario che mi ha battuto. Non vi fa un po' ridere e pensare?).

Detto questo, io il futuro ce l'ho, e mi rifiuto di buttarlo via per quello che mi è successo. Resterà sempre l'enorme buco nero nel quale l'Olimpiade di Parigi mi ha inghiottito, ma devo cercare di tirarmene fuori. Non ci sono riuscito ancora del tutto, il tempo deve passare e ripulire tutte le incrostazioni di dolore e dispiacere che mi porto ancora addosso, ma sono sicuro che accadrà, non ho intenzione di farmi vincere dal buio.

Il mio percorso però cambia, non voglio stare fermo. Non posso aspettare. Anzi, sterzo di 180 gradi e vado in un'altra direzione. Voglio andare verso il professionismo, ma non corro verso questa nuova avventura con le spalle scoperte. So già cosa voglia dire quel mondo, cosa richieda ai pugili e io stesso mi ci sono già preparato. La prima cosa che so è quello che voglio conquistare da professionista.

Tutto giusto, tutto preparato, ma... C'è un *ma* gigantesco. Questo libro e a questo punto la mia carriera, per non dire la mia vita, sono diventate un *ma*.

Quel *ma* è l'oro olimpico.

Io devo cercare di raggiungere l'oro olimpico: non è solo un impegno nei confronti di tutti i professionisti dello sport italiano che mi hanno seguito e sostenuto passo dopo passo, ma è un impegno verso me stesso e l'idea che ho di Abbes come uomo e come pugile. Non posso disattenderlo perché mi sentirei uno sportivo che ha messo alla berlina il suo sport, una cosa orribile. Ho un sogno ambizioso: vorrei vincere, meritando ogni secondo di ogni incontro, la medaglia d'oro olimpica a Los Angeles 2028. È così che mi riscatto dalla delusione di Parigi e torno a far sorridere il pugilato, sport devastato e ormai scollegato dalla realtà.

Per realizzare questo sogno, però, devo coltivare una sfilza di speranze. Prima di tutto che la boxe sia presente a Los Angeles 2028. Il mio sport versa in condizioni talmente penose che rischia l'esclusione dalle prossime Olimpiadi. Sarebbe un dramma per tanti pugili, soprattutto giovani, e la conseguenza dei danni provocati da alcune persone in questi anni. La seconda speranza è che continuino a dare la possibilità di partecipare ai professionisti. Terza speranza è quella di prepararsi bene per poi qualificarsi, il che non è mai facile.

Se tutto questo avviene, se tutte le mie speranze verranno confermate, allora andrò in America con un'altra maturità, sarò inevitabilmente un altro uomo e un altro pugile, soprattutto dopo quello che mi è accaduto a Parigi.

Immaginate un videogioco. Siete all'ultima missione e state per arrivare alla prova finale. Poi per un glitch del sistema vi ritrovate a metà percorso e dovete rifare tutto daccapo. È ciò che è successo a me.

Ma non ho intenzione di staccare tutto e lasciar perdere, voglio rifare ogni cosa con maggiore forza, passione, intensità, consapevolezza, sacrificio. Quel percorso io devo completarlo. Solo allora sarò in pace. Solo allora sarò pronto.

Sperate con me, Los Angeles non è lontana, la strada è in salita ma alla fine ne varrà la pena.

Finito di stampare nel mese di ottobre 2024
per conto di RCS MediaGroup S.p.A.,
da Rotolito S.p.A., Via Sondrio, 3, Pioltello (Milano)
Printed in Italy